Née pour impacter

Votre histoire est unique, osez en faire
une force pour vous différencier
et accomplir votre mission de vie !

Sommaire

2
Bienvenue foi du possible !

Conclusion

Préambule

Êtes-vous prête à prendre votre place ?

C'est bien d'écouter des conseils. D'ailleurs, je suis certaine que vous tentez déjà tout ce que vous entendez sur internet ou que vous suivez les suggestions de vos ami(e)s entrepreneur(e)s... Mais de qui viennent ces conseils ?

Je veux dire : qui sont réellement ces personnes ? Quels sont leurs épreuves, leurs échecs, leurs passions, leur histoire ?

Beaucoup de paillettes sont exposées sur les réseaux sociaux, sans que l'on sache exactement le parcours de vie des influenceurs, des mentors et des coachs à succès. Comment sont-ils arrivés là ? Comment ont-ils vécu chaque étape de leur processus de réussite ?

Si j'écris ce livre, c'est bien parce que j'ai décidé de me livrer. Je souhaite que vous puissiez comprendre quelle femme je suis derrière cette carapace.

Est-ce que vous rêvez vous-même d'écrire un livre pour inspirer, transmettre vos convictions, votre histoire ?

Ou d'aménager votre emploi du temps selon vos besoins, vos priorités et de trouver votre propre équilibre pour être libre de profiter pleinement de votre vie et de votre famille ?

Vous souhaitez monter sur scène pour faire résonner votre message d'espoir, ou votre expertise devant ceux qui vous portent comme modèle et inspiration ?
– *Hey, oh ! Tout doux Aurélie. On n'est pas dans une série TV là !*

Je sais... Malheureusement, la plupart des gens vous ramènent à la réalité et c'est peut-être même votre petite voix intérieure qui vous commande de surtout bien garder les pieds sur terre.

Bien que le quotidien ne soit pas toujours facile, je regrette de voir que nous sommes extrêmement doués pour nous compliquer la vie.
La plupart des gens traînent leurs boulets du passé, râlent de ne pas aller de l'avant, et ne demandent surtout pas d'aide pour enlever ces satanées chaînes. Aujourd'hui, j'ai la sensation d'avancer libre, mais vous allez le constater, ça n'a pas été le cas à tout moment, et j'ai démarré de loin ! Je ne suis pas née avec une cuillère en argent dans la bouche...

Avez-vous l'impression de ne pas avoir une vie et des résultats à la hauteur de votre potentiel ?

Je vous comprends : avoir une soif illimitée, mille idées à la seconde et vouloir relever des tonnes de challenges sans savoir par où commencer est vraiment très frustrant et décourageant...

Vous sentez que votre envie de transmettre et d'épauler autrui vient vous chercher au plus profond de vous et que vous avez bien plus grand à accomplir ?

Je suis convaincue qu'il est possible d'impacter le monde et de contribuer pour aider les autres, malgré le passé et les épreuves endurées. Si nous sommes prêtes à faire de notre expérience une force pour faire passer un message puissant qui provient de nos tripes !

Quand la vie nous enferme dans la violence, la maladie, l'abandon, l'injustice, la solitude ou encore le harcèlement physique ou moral, nous pouvons penser que tout est perdu d'avance. Néanmoins, par mon histoire et ce livre, je souhaite prouver que **tout est possible à celui ou celle qui croit.**

Cela demande d'avoir foi en soi, d'avoir à nouveau foi en l'humanité et d'avoir confiance que derrière chaque souffrance se cache un merveilleux cadeau de la vie, même quand cela semble au premier abord sans issue.

Si vous voulez accéder à une existence meilleure et qu'il reste au fond de vous cette petite voix qui sait que vous méritez mieux, alors cet ouvrage va vous accompagner à oser prendre votre place pour changer votre futur.

Au fil des pages, nous allons jouer au Petit Poucet et retrouver étape par étape comment accomplir vos rêves grâce aux clés qui vont transformer vos schémas internes.

Un dernier avertissement… Si vous pensez qu'absolument tout ce qui se passe dans votre vie est la faute des autres, je regrette de devoir vous le dire, mais ne lisez pas cette œuvre, économisez votre temps.

Que décidez-vous ?

Voulez-vous fermer ce livre d'espoir ? Ou attraper un stabilo pour surligner tout ce que vous jugerez utile pour créer cette vie que vous méritez ?

Qui suis-je ?

Je suis Aurélie Gauthey, conférencière et consultante, accélératrice de succès infini pour femmes d'affaires ambitieuses et déterminées, professionnelle de l'accompagnement. Et blablabla, ça c'est la version lisse pour mon site internet... Mais soyons honnêtes : mon quotidien est de vous aider à vous bouger l'abricot !
En traversant toutes mes épreuves de vie, j'ai réalisé une chose fondamentale : **tout est possible à celle qui a l'audace de se dépasser, croit et n'abandonne jamais.**

Aujourd'hui, j'apprends à mes clientes à oser mener l'existence qu'elles ont toujours voulu vivre pour devenir indépendantes financièrement.

Ce qui me fait vibrer ?

Leur ouvrir le champ des possibles en les guidant pas à pas, pour se démarquer, rayonner avec leur plein potentiel leur permettant ainsi d'accéder à une entreprise unique, authentique, et surtout d'atteindre l'autonomie qu'elles méritent.

Vous aussi, vous pouvez vous changer en cette femme battante qui voit grand et qui n'a pas peur de repousser ses limites.

Dans ce livre, j'ai sélectionné plusieurs ingrédients: la connexion émotionnelle, l'état d'esprit, les échecs, des clés marketing, des études de cas, ma vision de la spiritualité, ma foi de l'abondance, la liberté et surtout:

100 % d'authenticité !

Ma transformation

Dans mon ancienne vie, j'étais une *wonder woman* sans cape !

Je paraissais forte aux yeux de tous, mais ce n'était qu'apparence. J'étais une femme qui refoulait sa sensibilité comme on fuit la peste. Je craignais mes émotions, car la vulnérabilité était pour moi un aveu de faiblesse.
Prisonnière de cette image de wonder woman, j'accumulais les épreuves et mon existence était digne d'un roman d'horreur de Stephen King sans happy end !

J'avais un mental envahissant qui m'obsédait comme une belle-mère jalouse. Je me sentais harcelée par ce hamster qu'on a tous dans la tête, courant sans cesse en faisant mine de se préparer pour les Jeux olympiques sans jamais, jamais, JAMAIS, être fatigué...
Conséquences ?
J'étais à bout, incapable d'apprécier le calme, le silence et le bonheur d'une vie paisible. On peut dire que j'étais bien

loin d'être en mesure de faire les exercices que je pratique aujourd'hui pour envoyer mon hamster intérieur faire une sieste.

C'est simple, lorsque je voulais me reposer, je me comparais et j'enviais les femmes à qui tout semblait réussir autour de moi. J'étais rongée par le manque d'estime et d'amour profond pour la femme que j'étais. Et cela avait un impact dans la sphère professionnelle comme personnelle. Je me préoccupais tellement du regard des autres et de leurs jugements, que je n'osais pas prendre ma place.

Après une décennie de travail approfondi, à la fois thérapeutique et entrepreneurial, j'ai dépassé ces souffrances pour être aujourd'hui une femme libre et épanouie. Je ressens une grande liberté émotionnelle, financière, temporelle et géographique pour me créer une vie sur mesure. Évidemment, cela ne veut pas dire que je ne traverse plus d'épreuves, mais je sais désormais les transformer en force. Et cerise sur le sunday, je travaille uniquement le matin ! Ainsi, je peux offrir le reste de mon temps et de mon énergie à des associations de femmes en souffrance ou des groupes d'entraide d'entrepreneurs. Je ne pouvais pas rêver mieux…

Dans ma nouvelle vie, je suis l'héroïne de mon entreprise.

Qu'est-ce que cela signifie ?
Au quotidien, je transmets mon message pour impacter le monde dans la foi du possible. Que ce soit à travers des conférences, des articles de magazine, des passages en radio, des consultings avec des clientes à l'international, ou même ce livre, peu importe le moyen.

J'accepte de ne pas plaire à tout le monde, car j'ai le désir d'attirer seulement les personnes qui résonnent avec mon énergie, mes valeurs et ma vibration de cœur.
Et surtout... j'ose ! Oser demander, tester, échouer, entreprendre : rien n'est inaccessible lorsqu'on ne reste pas bloqué uniquement sur le but final, mais qu'on prend plaisir à traverser le chemin.

Sur ce chemin, j'ai dû admettre d'avoir été très dure envers moi-même. Je me suis pardonnée d'avoir manqué de discernement et de ne pas avoir pu agir dans le passé comme je le ferais aujourd'hui. Je me suis libérée du poids des remords et des regrets pour en faire une force et créer un futur en paix avec moi-même.

Avez-vous besoin de vous pardonner également ?
Notre corps est plutôt doué pour nous faire signe lorsque quelque chose ne va pas.
Tel un jeu de Tetris, il emmagasine la souffrance, les épreuves, le stress, les peurs et nous guide pour prendre de meilleures décisions si on sait l'observer et s'arrêter un instant pour vivre la magie du moment présent.

Quand j'ai pris conscience que j'étais née pour impacter, j'ai appris à m'écouter et insuffler du cœur et de l'âme dans mon travail, et c'est aussi la raison pour laquelle ce livre prend vie.

Ma promesse pour les femmes qui lisent ce livre

À votre tour, vous allez connaître d'innombrables prises de conscience si vous passez à l'action en suivant les nombreux conseils puissants que je vous offre dans cet ouvrage. Grâce à mon expérience de vie et mon parcours de femme d'affaires, vous allez vivre une réelle transformation.
J'en suis convaincue : vous allez concrétiser et matérialiser les envies qui existent seulement dans votre esprit aujourd'hui.

Je voyage régulièrement pour mon plaisir et force est de constater qu'à notre époque, il est possible de poursuivre son impact et sa mission de vie, quel que soit l'endroit où l'on se trouve sur la planète.

En prenant ma place de business woman, avec ma société *Née pour impacter*, j'accompagne des femmes entrepreneures du monde entier, qu'elles soient en Australie, en Martinique, au Canada, en Belgique ou en France. Peu importe le lieu où vous vivez, vous pouvez propulser un business et rayonner !

À l'instant où j'écris ces lignes, j'ai plus de 10 000 abonnés sur mes réseaux, j'ai été conférencière sur plus de 70 événements et j'ai guidé des centaines de femmes entrepreneures ambitieuses sur la voie de la liberté.

Si je me décide à raconter mon histoire à présent, ce n'est pas pour ma propre thérapie, j'ai depuis longtemps accepté, dépassé et transcendé les moments difficiles. Ce n'est pas non plus pour faire pleurer dans les chaumières.

Si j'écris ce livre aujourd'hui, c'est pour vous transmettre le message tellement précieux que toutes ces années de galères m'ont appris :

> ***Nous pouvons nous sortir de n'importe quelle situation, aussi douloureuse soit-elle. Cette douleur n'est pas une fatalité ni une fin en soi.***
> ***Vous n'êtes absolument pas condamnée à rester dans une situation inconfortable.***

Au plus profond de moi, je savais que quelque chose de bien plus grand m'attendait, que j'étais née pour impacter le monde autour de moi. Il m'a fallu écouter cette petite voix qui me scandait : « *Décide-toi et agis !* ».

Une histoire de croyances...

À la base de nos réactions face aux épreuves, de tout ce que nous sommes en mesure d'entreprendre, de penser et de dire, il y a nos croyances.

Quelle est votre croyance au sujet de l'amour que vous méritez ?

Cela m'a pris du temps, mais aujourd'hui je m'aime et je m'accepte, avec mes parts d'ombre et de lumière.
Arrêtons de nous mentir et de croire que tout doit être douceur et volupté en nous !
Oui, j'ai des parts d'ombre et lorsqu'une potentielle cliente

ne me correspond pas dans ses valeurs ou sa vision, j'ose à présent l'informer que nous ne travaillerons pas ensemble. Ce n'est pas votre rôle d'apporter votre soutien à l'humanité, d'être parfaite et de jouer les sauveurs. Votre job est de vous aimer en conscience de votre lumière et de vos limites, pour aider précisément les personnes qui ont besoin de vous (et ce n'est pas égoïste).

Cela demande de respecter cinq éléments :

- votre singularité,
- vos valeurs,
- vos besoins,
- vos envies,
- et votre authenticité.

Je vais vous faire une confidence : la femme d'affaires accomplie que vous souhaitez être doit forcément, avant toute chose, être une femme épanouie dans sa vie personnelle et dans son amour d'elle-même !

Les croyances qui vous permettront d'impacter...

Contrairement à ce que l'on pourrait imaginer, la différence entre les entrepreneurs à succès et ceux qui font un flop ne concerne pas la technique, la stratégie ou la trésorerie, mais la racine de leurs croyances.

▶ **Voici quatre leitmotivs qui me donnent la possibilité de progresser chaque jour :**

Tout est possible si tu crois profondément en toi, car il faut être convaincue pour être convaincante.

Ose te dépasser et bouge-toi : concrètement, assise dans le fond de ton canapé, tu ne pourras accomplir aucun rêve.

Et n'abandonne jamais : quand six portes se ferment, la septième est peut-être la bonne et il reste toujours des fenêtres…

Pas besoin que ce soit facile pour que ce soit réalisable !

Entrons dans le vif du sujet maintenant…

Manifestons ensemble une vie d'abondance !

Découvre des exercices concrets, des tests, des coachings, avec des actions à mettre en place dès maintenant pour manifester l'abondance & activer ta puissance d'impact dans le monde

1

Autobiographie

1
Enfant rebelle...

Aussi loin que je me souvienne, j'étais une petite fille malicieuse et rebelle, bien loin de la petite fille modèle avec de belles petites robes jouant des heures à la poupée...

Rhooo, le cliché, vous allez me dire! Certes, les choses ont évolué concernant ce qu'une petite fille devrait, ou ne devrait pas, faire ou être. Mais dans les années 80 et du haut de mon jeune âge, j'étais cataloguée comme petit garçon manqué. Ni ma coupe au bol, ni ma frange en escaliers ne pouvaient m'aider, et malgré le massacre flagrant, ma mère s'obstinait (comme la vôtre peut-être?) à s'inventer coiffeuse!

Je me souviens encore de ma première année d'école primaire, lorsque je me suis disputée avec mes petites camarades de classe parce que je ne voulais pas jouer au même jeu qu'elles. Une querelle anodine certainement, mais je vivais mon premier rejet affectif.
Dès le lendemain matin, je me réveillais avec une perte énorme de cheveux. Ça s'appelle une pelade. J'avais carrément un trou sans cheveux, je vous laisse imaginer le traumatisme...

Ce phénomène peut arriver à tout le monde, sans prévenir, à la suite d'un choc ou d'un stress intense. Puis, petit à petit les choses sont revenues dans l'ordre.

Niveau ambiance à la maison, c'était apéro-party à gogo. Dans mes souvenirs, les soirées agréables en famille étaient rares. Mon père, un homme autodidacte et polyvalent, aimait rendre service à ses proches. On recevait régulièrement des amis pour dîner et j'avais, d'après les dires de mes copains d'enfance, une maison vivante et conviviale. Pourtant, mon père était souvent aux abonnés absents, et lorsqu'il était présent, il avait tendance à se transformer en Hulk : une carrure imposante et une voix à faire trembler les murs. C'est simple, il ne savait pas s'exprimer sans hurler.

Quant à ma mère, une femme douce, calme et discrète, elle compensait en s'occupant au mieux de son foyer et de ses trois enfants. Quoi qu'il en soit, nous n'étions pas dans de fortes démonstrations d'affection ni de grandes discussions. Sauf avec les invités...

De mon côté, ces repas festifs étaient l'occasion idéale pour échapper à leur surveillance et me sauver dans le village afin de rejoindre les copains de mon frère, de deux ans mon aîné. Je me suis toujours bien entendue avec les garçons, plus âgés, cash et sans prise de tête. Ces amitiés collaient à la perfection avec mon caractère bien loin de la petite fille fragile. J'appréciais de faire partie de cette bande, grimper aux murs et jouer au foot, quitte à me prendre des châtaignes et à avoir des bleus à répétition.

Rebelle et joyeuse, je n'écoutais rien. Je n'aimais surtout pas les interdits, encore moins que l'on me fixe des règles... Dès lors qu'on me privait de sortie, parce que je n'avais pas respecté un couvre-feu par exemple, je me sauvais par la fenêtre de ma chambre située au premier étage grâce à une échelle discrètement glissée par mon frère.

Les seules activités familiales que nous partagions étaient pour aider mon père à couper du bois. Ainsi, il pouvait le vendre en prévision de l'hiver à des particuliers pour gagner un peu d'argent. Je détestais cette activité !
À cette période, je m'évadais à travers la créativité, le dessin, le tricot... Bref, tout ce qui me permettait de faire jouer mes mains et mon imaginaire pour créer de belles choses.

Dès l'âge de 14 ans, l'insouciance de l'enfance s'est échappée et une expérience plutôt déconcertante s'est présentée à moi. J'ai commencé à faire des rêves sombres et dramatiques qui prenaient forme dans la réalité...

Est-ce que je devenais folle ? Est-ce par le plus grand des hasards que les choses se produisaient ? Je devais en avoir le cœur net !
Alors, j'ai décidé de raconter en détail l'un de ces rêves à ma mère, pour me sentir moins seule face à cette réalité effrayante.
– *Maman, Maman c'est affreux !* dis-je *en dévalant les escaliers un matin. J'ai vu une voiture, j'étais dedans à l'arrière, avec un bébé dans les bras. Mais il y a eu un accident et tout à coup j'avais les mains vides, le bas du ventre et les cuisses couvertes de sang et plus aucun bébé !!!*

Sans réellement saisir l'ampleur de mes craintes, ma mère était certaine que ce n'était qu'un simple cauchemar.

Je repris ma respiration pour calmer mon débit de parole et expliquer que depuis plusieurs mois, je faisais des rêves prémonitoires. J'étais toujours la principale concernée, mais cela arrivait dans la réalité à d'autres personnes, sans que je sache exactement qui.

Trois jours plus tard, nous sommes descendues en ville avec ma mère et sommes tombées nez à nez avec Marie, en pleurs.
– *Que t'arrive-t-il Marie ?*
– *Je sors de quatre jours d'hospitalisation, je viens de perdre mon bébé de 6 mois, mort-né.*

Je ne pourrais pas vous expliquer ce que ma mère a ressenti à cet instant : peut-être un choc, peut-être de la peur. Pour ma part, j'étais en train de vivre ma première rencontre avec le monde de l'invisible.
Qui aurait pu imaginer que 20 ans plus tard, j'allais accompagner des femmes dotées pour la plupart de dons énergétiques ou de médiumnité et d'une grande ouverture spirituelle ?

Les mois ont passé, les rêves se sont succédé, jusqu'au jour où tout s'est arrêté. Pourquoi ? Comment ? Je ne sais pas réellement. Je pense qu'au fond de moi, j'ai bloqué ce don car je ne voulais surtout plus pressentir des drames, d'autant plus avec une telle intensité.

2
Premier amour

Peut-on un jour oublier son premier amour ?

Je me souviens du moment de cette rencontre comme si c'était hier. Mes parents avaient une meilleure amie réunionnaise et s'étaient pris d'amour pour cette île, ses traditions et ses habitants. D'ailleurs, ils avaient décidé de créer une association qui rassemblait des Réunionnais installés en métropole. J'allais à toutes les soirées qu'ils organisaient avec plaisir et engouement pour danser et chanter. Ayant grandi dans cette culture depuis ma plus tendre enfance, je me sentais pleinement Réunionnaise. Je parlais créole, dansais le maloya, participais à tous les ateliers cuisine avec les femmes de l'association pour régaler les invités de nos nombreux événements.
Un soir, lorsque je suis entrée dans la salle, mon regard est tombé sur lui. Une scène comme seul le cinéma hollywoodien sait la créer. Au milieu des gens qui dansaient et des lumières tamisées, j'ai été subjuguée.

Je n'oublierai jamais ces premiers instants, sa peau dorée et ses cheveux noirs brillants révélaient ses yeux vert émeraude et ses dents si blanches. C'était un coup de foudre : je n'avais jamais vu un homme aussi beau.
Je n'étais qu'une jeune adolescente et j'étais impressionnée. Jannick me semblait inaccessible, du fait de son âge et de sa beauté bien sûr, mais aussi parce qu'il était entouré de femmes de son âge toutes aussi belles les unes que les autres. J'ai notamment le souvenir de l'une d'entre elles, terriblement jolie, qui, au vu de leur proximité, me laissait penser qu'elle était sa petite amie. J'en étais même jalouse...
J'ai vainement essayé de me raisonner, car l'évidence était là : cet homme était certainement un amour impossible.

Pourtant, au fil de nos rencontres, que ce soit dans son attitude envers moi ou dans sa prise de distance avec cette jeune femme, je ne pus m'empêcher de constater du changement les semaines suivantes. Un soir, j'en fus certaine : le doute n'était plus permis. Je me souviens encore de ses mots :
– *Tu es ravissante ce soir, me glissa-t-il en toute discrétion dans le creux du cou, me faisant frissonner du haut du dos jusqu'en bas des reins.*

Avais-je droit au bonheur avec cet homme ? En le voyant me regarder de loin et me sourire, je me sentis soudain gênée : n'était-ce pas une erreur ?

De nouveau, il s'approcha. Il laissa sa main frôler la mienne et son regard croisa le mien, un second frisson me traversa le corps. Le doute n'existait plus. C'était une évidence, nous avions un coup de cœur commun.

Nous étions au printemps, j'allais avoir 15 ans et lui en avait déjà 18. Ces premiers frissons avaient le goût du secret: qu'aurait-on dit de nos quelques années d'écart?

Je découvrais les papillons dans le ventre, l'excitation, le bonheur d'être attendue à la sortie du collège.
J'aimais particulièrement nos discussions qui s'éternisaient. Allongés côte à côte dans l'herbe d'un parc, nous refaisions le monde en regardant le ciel. Jannick était très romantique et attentif avec des gestes tendres, il m'offrait des cadeaux, des poèmes. Il prouvait sans cesse son amour et l'importance que j'avais dans sa vie.

Si la plupart des adolescentes font ce type d'expérience lors d'un amour de vacances, ma bulle de bonheur a été plus longue: un an.
Puis un jour, sournoisement, sans prévenir, je n'ai plus reçu de nouvelles. Écran noir, plus d'appels, plus de rendez-vous. Cette absence, soudaine et inhabituelle m'a rongée de l'intérieur!

Sachant que nous ne passions jamais plus de deux jours sans nous parler, j'étais inquiète: lui était-il arrivé quelque chose? S'était-il lassé de moi? Aurais-je fait quelque chose qui justifie qu'il ne me contacte plus? Je n'avais que son absence pour seule réponse et ma tristesse inconsolable pour réconfort.

Un soir, après une journée au lycée, mon père a jeté le journal du jour sur la table.
– *Tiens! Regarde qui est en prison...*

Angoissée, j'ai saisi la gazette. Je me sentais presque en apnée quand mes yeux se sont arrêtés sur son prénom : Jannick.

C'était écrit là, noir sur blanc dans un article. Je comprenais enfin la distance, son absence, les silences. Il ne m'avait pas oubliée ! Il ne pouvait pas me contacter, il était en prison...

Cette nouvelle était tombée comme un couperet. J'avais l'impression de faire une chute libre sans parachute.
Je le connaissais gentil, doux, attentionné.
La colère m'envahit.
Comment avait-il pu me mentir à ce point et mener une double vie ?

J'avais besoin d'une explication, je devais l'entendre de sa bouche. Mais, comment lui rendre visite au parloir ? J'étais mineure, je ne comprenais rien au milieu carcéral et je me confrontais à une bataille administrative.
Après quelques jours d'angoisse, j'avais l'impression de revivre la même scène. Un journal posé sur la table basse du salon, un article, un nom, l'incompréhension.
Nouveau tsunami : Jannick s'était pendu en cellule. J'étais sous le choc, effondrée, abandonnée, trahie. J'ai cru pouvoir mourir de ressentir une telle douleur, comme un coup de poignard dans mes tripes. J'avais envie de hurler, mais aucun son ne sortait de ma bouche, je ne pouvais que ravaler mon malheur.

Je n'avais pas 16 ans, pourtant je vivais ma première histoire d'amour et en même temps mon premier drame sentimental. Comment peut-on connaître de semblables souffrances à l'adolescence ? J'étais dévastée.

Bien sûr, nous n'avions jamais trahi notre secret, personne n'avait connaissance de notre histoire d'amour. Je devais donc souffrir seule, en silence, faire bonne figure. Le jour, je cachais cette réalité. Mais, nuit après nuit, je me réveillais en sueur avec cette vue horrible de son corps pendu au bout d'une corde. Mon esprit ne pouvait s'empêcher de se représenter chacune de ses dernières secondes, encore et encore. J'étais hantée par sa mort.

Durant un an, j'ai imaginé sans relâche ce qu'il avait dû subir. Moi qui le savais si gentil, si doux… Quelles horreurs avait-il dû endurer de la part des autres détenus pour en arriver là ? Pourquoi avait-il mis fin à ses jours deux semaines après le début de sa détention ? Quelle faute avait-il commise pour se retrouver en prison ?

J'ai essayé d'enquêter discrètement pour ne pas éveiller les soupçons auprès des gens de l'association. J'avais besoin de savoir, de comprendre pour avancer et reprendre le contrôle de ma vie. Enfin... de ma survie. Car je me sentais prisonnière, en apnée, sans espoir. Aucune phrase ne pouvait réconforter mon cœur brisé.
Les seules explications trouvées dans le journal local, qui parlait de « braquage d'un bureau de tabac » et de « violences avec arme », me rendaient confuse.

Comment était-ce possible ? Violence ? Lui qui aidait les plus démunis et me protégeait de tout ?!
Lui !!! Capable de violence ?

Bien plus tard, j'ai compris qu'à cette époque, un concours de circonstances l'avait conduit à se retrouver sans emploi, puis sans argent pour se loger.

Dans sa pudeur et sa fierté, il ne s'était pas permis de demander de l'aide. Seul, en métropole, sans famille, il avait agi par désespoir. Pourtant, la caisse du bureau de tabac ne lui offrait qu'un maigre butin de 50 euros.

Longtemps, mille questions sans réponses se sont bousculées dans ma tête.

M'aimait-il vraiment, lui qui n'avait pas osé me parler de ses problèmes ?
Notre histoire d'amour n'avait-elle été que mensonge ?
Avait-il confiance en moi ?
Aurais-je pu anticiper tout ça, changer les choses ?
Je me sentais tout à la fois coupable et trahie.

J'ai tout fait pour savoir, discrètement mais assidûment, où aurait lieu l'enterrement pour aller me recueillir. Mais je n'ai jamais eu de nouvelles car je ne connaissais pas la famille de Jannick qui vivait à la Réunion. C'était une douleur supplémentaire. Je devais ainsi faire mon deuil en silence, sans rien laisser paraître et sans lieu pour le retrouver.

Après ce traumatisme, j'ai longtemps été incapable d'aimer ou d'être en relation avec un homme. J'ai tout tenté pour me remettre de ce deuil.
L'écriture d'une lettre, l'expression des sentiments de colère, d'incompréhension, d'amour et d'abandon, un lâcher de ballon pour me promettre à moi-même de tourner la page et de surtout le laisser partir en paix…
Aujourd'hui, je sais que c'est ma vie, je n'oublierai jamais cette blessure, je devais juste apprendre à vivre avec.

3

Une famille qui éclate

Je devais reprendre goût à la vie, mais pour combien de temps ?

Originaires de Montferrand-le-Château, une petite campagne dans le Doubs, nous faisions régulièrement des soirées autour d'un feu de camp. Au programme : musique à fond, chamallows grillés, danses et discussions à rallonge jusqu'au milieu de la nuit.

Deux années s'étaient écoulées depuis cette perte tragique et je décidai enfin de reprendre goût à la vie en acceptant l'invitation d'Émilie, une de mes meilleures amies. À mon arrivée, elle m'a présentée aux convives.

Elle ne cessait de me vanter le sérieux et la gentillesse d'un certain Anthony, 24 ans. Son message était clair : après deux ans de calme plat dans ma vie sentimentale, elle m'encourageait à passer à autre chose. Il n'était pas question pour moi de me jeter dans les bras du premier venu et Anthony n'était pas du tout mon genre d'homme... Blond aux yeux bleus, marqué d'une tache de naissance rougeâtre sur la joue gauche, et trop insistant à mon goût, Anthony était l'archétype de ce qui me faisait fuir à l'époque. Il se heurta longtemps à mes rejets malgré ses tentatives de séduction incessantes.

Pourtant, peu à peu, il devint un ami, sans que je n'aie jamais eu envie d'aller plus loin. À ce moment-là, je le savais, j'étais sa préférée et j'avais dans sa vie une place d'honneur. Preuve en était que la place avant côté passager de sa voiture m'était d'office attribuée quand nous sortions en voiture avec notre groupe d'amis.
Aujourd'hui, ce détail peut paraître anodin, mais à dix-sept ans, il s'agissait d'un signe de préférence important.
Un soir, il vint me chercher pour sortir en boîte de nuit, comme nous en avions l'habitude et en m'approchant de son véhicule, quelle ne fut pas ma surprise en voyant une belle blonde assise à MA place ! J'étais verte de rage ! Il ne m'avait rien dit et débarquait pour me récupérer en la laissant monter devant, à ma place ?
En avait-il marre de ces mois d'attente où je ne faisais que le repousser ?
Vexée, je suis montée à l'arrière, muette comme une tombe.

Dans la boîte de nuit, les choses ne se sont pas arrangées. Je me sentais mise de côté, assise à part, pendant qu'il passait sa soirée à danser avec elle. Cette jalousie qui grondait en moi me poussait à reconnaître l'évidence : Anthony était plus qu'un ami dans ma vie.
J'ai fini par oser me lever de cette banquette, au creux de laquelle je m'étais enfoncée par déception quelques heures

plus tôt, pour reprendre ma place de femme préférée et dévoiler subtilement que je n'étais finalement pas si désintéressée.
Je m'interdisais d'aimer, m'interdisais d'ouvrir ce cœur déchiré. Bien sûr, j'ai compris plus tard que ce tour de passe-passe n'était qu'une stratégie de la part d'Anthony pour me pousser dans ses bras. J'ai d'ailleurs appris, dès le lendemain de notre soirée, que la belle blonde était en réalité sa sœur. Personne de la bande ne m'en avait informé.
J'étais la seule à ne pas vouloir admettre l'évidence : nous étions faits pour être ensemble.

Si ma vie sentimentale semblait aller pour le mieux, dans ma famille une terrible tempête grondait.
Après des années d'un mariage heureux, reproduisant trait pour trait le modèle ancestral du couple classique « papa au boulot, maman au gigot », c'était à ma famille de voler en éclat. Rien ne laissait présager le drame qui allait se produire.

Mon père avait demandé ma mère en remariage, vingt-deux ans après leur première union. Si mes parents n'étaient pas dans la démonstration affective, je n'ai pas non plus le souvenir de l'ombre d'une dispute.
Ma mère était une femme petite, blonde, aux yeux bleus, très discrète et timide, soumise au bonheur de sa famille. Mon père avait le regard et les cheveux noirs, moustachu, avec une carrure imposante.

Un soir, alors que je rentrais d'un dîner avec Anthony, j'ai trouvé ma mère au sol, en pleurs, au milieu du salon.
– *Qu'est-ce qui se passe ici ? ai-je demandé.*
– *Il veut partir ! Demande-lui pourquoi il veut partir !*

– *J'en peux plus, je m'en vais, merde! hurla mon père, une valise à la main.*

Sans plus d'explications, il tourna les talons.
J'étais abasourdie. Que se passait-il donc ?
Après plusieurs jours de silence, mon père est revenu à la maison. Où était-il allé ? Nous n'en avions aucune idée.
Quelques semaines plus tard, ma mère avait compris ce qui arrivait : son mari avait une maîtresse. Décidée à passer l'éponge pour que nous puissions tous reprendre le cours de notre vie, elle jugeait qu'un écart après vingt-deux ans de vie commune et trois enfants était pardonnable.

Quand il m'a déposée à l'école le jour suivant, il s'est arrêté devant un immeuble en passant.
– *Tiens, j'étais là hier avec mes collègues.*
– *Hum...*

Je regardais sans dire un mot, je ne m'intéressais guère à ce qu'il avait à raconter.

Un soir, alors que mon père était aux abonnés absents, et que ma mère le cherchait, je lui ai indiqué le fameux immeuble. Il était peut-être encore à traîner avec ses collègues.
– *Regarde s'il y a sa voiture, ai-je conseillé.*

Effectivement, la voiture était là. Sauf que j'ai découvert qu'il m'avait indiqué en réalité l'appartement de sa maîtresse.
Pourquoi avait-il eu besoin de me le montrer ? Et de me mentir ?
Je devenais une jeune femme qui avait un rapport aux hommes biaisé par l'exemple que je voyais à la maison. Ma

vision du couple à cette époque était fondée sur l'idée que tous les hommes se ressemblent…
Ils nous abandonnent et nous racontent tous des mensonges, ces traîtres !

Je me souviens précisément d'une scène. J'étais assise dans la cuisine, en train de dîner. Ma mère avait remarqué que mon père allait sans cesse se cacher pour appeler quelqu'un avec le téléphone fixe. Ni une ni deux, elle a décroché le second combiné pour entendre la conversation. Malheureusement, le bip de l'appareil l'avait trahi et c'est fou de rage que mon père est descendu du premier étage, hurlant le prénom de ma mère. Face à lui, elle n'a pas eu le temps de voir venir le premier coup. Une droite de boxeur d'une violence inouïe !
Encore aujourd'hui, je ne me souviens pas avoir observé pareille violence.
La fourchette encore à la main, assise à table, immobile, tétanisée, je l'ai vu saisir ma mère par le cou pour l'étrangler. Dans un élan vital, j'ai foncé pour m'interposer et l'arrêter. À vrai dire, le choc était si grand que je ne sais pas comment je m'y suis prise.
Dans cette scène, j'étais complètement dissociée, entre mon corps en action et mon cerveau totalement absent, comme déconnecté de la réalité.
Lorsque mon père a enfin desserré ses mains, j'ai vu ma mère tomber au sol. Le cou marqué de chacun de ses doigts imposants. Il continuait pourtant à la frapper et moi je tentais en vain de l'arrêter. Quand il n'a plus eu le goût de passer ses nerfs, j'ai rassemblé mes forces pour relever Maman. Au bout de quelques minutes, nous nous sommes enfuies de la maison en courant.
Elle était en sang. Il était presque minuit. Nous devions

trouver un refuge, un voisin ou quelqu'un pour nous conduire à l'hôpital. J'ai frappé à la première porte.
– *Mon père a frappé ma mère, aide-nous !*
Encore endormi, il se frottait les yeux.
– *Oh là, attends, j'veux pas d'ennuis moi, j'suis un ami de ton père, j'suis désolé.*

Il n'aura été que le premier d'une longue série de faux amis. Néanmoins, nous avons fini par trouver quelqu'un pour nous emmener à l'hôpital. Puis, quand nous sommes arrivées au commissariat pour porter plainte, mon père était là. Il nous avait précédées. L'arcade sourcilière explosée, il s'était donné lui-même un coup.
– *Je viens déposer plainte contre ma femme et ma fille qui m'ont agressé, avait-il dit au gendarme.*

C'était Goliath qui portait plainte contre David. Comment les autorités pouvaient-elles croire une seule seconde à cette histoire ?

Nous avons pourtant été interrogées comme des criminelles. Grâce à un scénario bien ficelé, il les avait ralliés à son mensonge.
J'ai découvert bien plus tard qu'à cette période, la maîtresse de mon père avait choisi de rompre avec lui en ayant bien pris la peine de rafler toutes les économies de la famille.
Dès lors, l'alcool a coulé à outrance à la maison et la drogue peut-être aussi (je n'ai jamais su).
Durant un an, les coups n'ont été qu'une escalade de violence. Nous déposions jusqu'à deux plaintes par semaine. Ivre, mon père allait jusqu'à rejoindre ma mère au domicile des particuliers chez qui elle faisait des ménages (en

leur absence) pour exercer une pression constante. Puis il se confondait en excuses et en pleurs.
Malheureusement, il continuait de se blesser lui-même pour corroborer ses versions et obtenait, je ne sais comment, de nombreux faux témoignages en sa faveur. Mes grands-parents, notamment, étaient prêts à tout pour défendre leur fils...

À l'école, je m'endormais souvent sur la table. Je faisais mine que tout allait bien, j'avais honte et je ne voulais surtout pas attiser la curiosité. Je ne disais rien à personne pour faire bonne figure et être comme tout le monde. Mais sur le fond sonore des professeurs, je revivais en boucle les cris, les disputes, et les pleurs, dans ma tête. Je me souvenais de ces nuits, à dormir avec ma mère, l'une proche de l'autre, enfermées à double tour, pour ne pas subir les excès de violence de mon père au gré de ses humeurs et de ses verres d'alcool.

Un jour, ma mère est venue à l'école le visage marqué et le pull déchiré. J'avais tout à la fois, le cœur meurtri et honte de montrer au monde ce qu'il se passait à la maison. Je ne voulais pas être différente des autres. Je voulais que ce soit un secret.
Pourtant, c'était impossible. Le voisinage, alerté par des séries de cris et de coups, faisait aussi intervenir les gendarmes. Mais leur réponse était consternante.
– Monsieur est chez lui, la justice n'a aucune raison de l'obliger à quitter son domicile. S'il vous frappe sous nos yeux, nous pourrons l'embarquer. Dans la mesure où monsieur est calme, à son domicile, nous ne pouvons rien faire.

Malgré les dizaines de plaintes déposées, les appels du voisinage, et le visage cabossé de ma mère, je réalisais que les forces de police ne pouvaient pas nous protéger. Je me souviens encore des mots du gradé.
– *Vous devez partir madame, il vous bat depuis un an. Il finira par vous tuer. Vous devez quitter le domicile conjugal.*

Ce soir-là, j'ai à mon tour craqué.
Malaise ou crise d'épilepsie, je ne sais pas. Je suis tombée par terre et je me suis mise à convulser. Je n'ai que de minces souvenirs de cette soirée qui a bouleversé ma vie d'adolescente. Les pompiers étaient sur place, avec la police. Quand j'ai retrouvé mes esprits, un policier s'est approché de moi :
– *Vous avez volé les clés de voiture de votre père ? me demanda-t-il sans la moindre compassion ni dans la voix ni dans le regard.*

Je niais, mais c'était vrai. Je les avais prises pour l'empêcher de nous poursuivre si nous avions à fuir.
Elles étaient mon assurance vie, en quelque sorte. Pourtant, devant l'insistance des forces de l'ordre, j'ai dû les lui remettre.
– *Vous pouvez prendre quelques affaires et vous devez partir. Monsieur est chez lui, nous ne pouvons pas intervenir tous les jours, nous avons du travail donc vous devez quitter la maison, maintenant.*

Ainsi, nous étions dehors, à minuit, sans rien. On ne savait pas où aller.
Non loin de la maison, on parlait de ce qui venait de se passer. Soudain, mon père a ouvert la porte d'entrée. Il est sorti dans le plus grand des calmes et d'une voix arrogante, il nous a lancé :
– *S'il vous plaît, j'aimerais dormir, faites moins de bruit !*

À ce moment-là, j'ai su qu'il était fou ou malade.
Plus tard, nous avons réalisé avec l'avocat commis d'office que tout, absolument tout, était au nom de mon père : les voitures, la maison, les meubles, les assurances, tout. Après vingt-deux ans de bons et loyaux services à élever sa famille, entretenir la maison et servir son mari, ma mère n'avait droit à rien. Une vie entière tombée aux oubliettes et en une fraction de seconde, la sentence était tombée : nous étions désormais SDF.

4
Je vais mourir

Avec le recul, des années de psychanalyse, de thérapies en tout genre et deux-cent-cinquante livres de développement personnel engloutis, j'ai compris que cet homme reproduisait le schéma de violence de son propre père. Pour plusieurs professionnels, l'homme qui m'a donné la vie est un pervers manipulateur. J'ai pris le temps de peser le pour et le contre.
Certes, un homme a le droit de quitter sa femme. Mais rien n'excuse la violence, les fausses accusations, les détournements de biens communs, et le fait de laisser sa famille à la rue.

Après avoir trouvé de nombreuses portes closes auprès des amis de la famille qui ne souhaitaient pas « prendre parti », nous avons tout de même réussi à nous réfugier chez une tante. Je ne le savais pas encore, mais cela ne serait que de courte durée…
Ma mère abattue pleurait en permanence et j'étais tellement révoltée que je ne supportais plus ses larmes pour cet homme indigne. La nuit, j'avais peur de voir mon père débarquer à la porte de l'appartement. Je sursautais au moindre bruit, dormant plusieurs mois avec la lumière et une bombe lacrymogène.

Je voyais ma mère souffrir mais sa peine me révoltait. Je ne cessais de lui répéter qu'il était hors de question de pleurer pour lui, qu'elle se devait d'être forte. Pourtant, sous mes allures de super-héroïne, se cachait une véritable bombe à retardement.

Un après-midi, alors que je prenais le bus pour rentrer, j'ai senti une douleur qui n'a pas arrêté d'augmenter, du bas du ventre jusqu'à l'arrière de mon dos. Je souffrais tant que j'étais prise de vomissements. Paniquée, j'ai appelé ma mère pour qu'elle me conduise aux urgences.

Allongée sur un brancard dans une salle de consultation de l'hôpital, je ne cessais de lui répéter :
– *Je vais mourir, Maman.*

Malgré ses paroles rassurantes, la douleur était trop forte. J'avais la sensation de recevoir des coups de poignard, transperçant tout le corps qui partait du bas du ventre jusqu'à l'arrière du dos au niveau de mes reins.

Après quelques heures d'une attente interminable, le verdict est tombé : crise de colique néphrétique. Mon corps m'envoyait un signal de détresse et le message était clair.
Plus tard, j'ai découvert que d'un point de vue symbolique, les reins sont le centre du stress et des émotions.
Durant les quatre années qui suivirent ce premier épisode, je n'aurai pas moins d'une quinzaine de crises. Les médecins et urgentistes rencontrés lors de mes crises étaient tous unanimes : je vivais les douleurs les plus intenses qui existent. Au fur et à mesure, j'essayais de supporter les épisodes, ce qui était médicalement impossible. J'ai risqué deux fois des septicémies, avec opération, sonde et j'en passe… Bref, un calvaire !

Aujourd'hui, mon corps est ma boussole émotionnelle, un vecteur d'alerte, comme les warnings d'une voiture, pour me prévenir quand quelque chose dysfonctionne. Moins je l'écoute, faisant mine d'être une femme forte, qui ne veut ni pleurer ni montrer la moindre émotion, plus les warnings clignotent. Pendant longtemps, j'ai négligé cette évidence d'être à l'écoute et dans l'accueil de la souffrance plutôt que de vouloir l'ignorer ou la combattre coûte que coûte.

Acceptez vos émotions telles qu'elles sont

Plus vous cherchez à nier ou à refouler une émotion (tristesse, peur, colère, frustration...), plus vous l'accentuez. Écoutez-vous pour ressentir ce qui se passe au fond de vous et posez-vous ces questions :

- Qu'est-ce qui me met dans cet état ?
- Qu'est-ce que ça vient toucher chez moi ?
- Quels sont mes besoins en souffrance ou non respectés ?
- Avec quel moment de vie cette émotion résonne-t-elle ? (passé, présent, futur)

Acceptez cet instant de mal-être, en écrivant ou en vous disant à haute voix :

Oui je suis en colère, car...

Ainsi, vous permettrez à la soupape de redescendre et vous pourrez vous demander comment agir pour inverser ce mal-être. Par exemple, parler à la personne concernée, prendre une décision, etc.

Prenons l'exemple d'un enfant qui chute et se met à pleurer. Si sa maman lui crie dessus car elle l'avait prévenu de ne pas grimper sur le mur, il va fondre en larmes de plus belle, alors que si elle le console et le prend dans ses bras, il va se calmer.

C'est pareil pour votre enfant intérieur qui souffre. Il se sent apeuré, triste, consolez-le, rassurez-le, dites-lui que vous le comprenez et que ça va passer. Vos émotions vont s'atténuer petit à petit et vous aurez ensuite accès à vos réponses intérieures reliées à votre cœur.

Ne pas s'écouter, ne pas écouter les messages, ne pas verbaliser ses douleurs, les non-dits, c'est obliger votre corps à vous envoyer un signal d'alerte avec des douleurs (mal de dos, de cou...). Ne vaut-il pas mieux formuler des mots que de souffrir de maux persistants ?

5

Continuer malgré tout

Au quotidien, il nous fallait survivre. Ma mère était anéantie, donc j'ai décidé de faire les ménages à sa place. Par peur de ce qui pourrait lui arriver, je considérais que c'était mon devoir de la protéger et nous avions aussi besoin d'argent pour subsister.
Bien qu'ayant fui la maison familiale, je le ressentais : nous n'étions toujours pas à l'abri de la folie de mon père.
Je découvris en effet, avec terreur, jour après jour, qu'il m'attendait en bas des lieux où je faisais le ménage. Il se cachait, me guettait, je l'apercevais tantôt dans une voiture, tantôt dans l'obscurité d'un bâtiment. Je me sentais traquée, harcelée.
Il n'était plus mon père, mais un fou furieux prêt à bondir sur sa proie.

Je me souviens de ce mal-être qui s'emparait de mon corps : mon cœur battait tellement fort qu'il aurait pu sortir de ma poitrine, ma peau tout entière était saisie de picotements, mon front brûlait de terreur. À chaque sortie du travail, c'était le même rituel de survie : clés de voiture à la main, prête à appuyer sur l'interrupteur pour éteindre la lumière, qui lui donnerait le signal de l'imminence de ma sortie. Je courais vers ma voiture en priant pour réussir à entrer la clé dans la serrure du premier coup et lui échapper au plus vite. J'étais traumatisée, mais je préférais encore que ce soit moi, plutôt que ma mère.

Après deux mois passés chez ma tante, ma sœur, de dix ans mon aînée, nous a prêté son appartement, le temps pour nous de trouver une solution pérenne. Une fois encore, mon père nous a traquées. Les appels aux secours se renouvelaient jour après jour :

– *Allô, le 17 ? Il est en bas !*
– *Qui est en bas ?*
– *Mon père, il vient pour battre ma mère. Vous le savez, vous savez qui je suis, je vous appelle tous les jours. Aidez-nous s'il vous plaît. Il est en bas, il possède des armes, il va venir la tuer !*
– *Votre père a-t-il tapé votre mère aujourd'hui ?*
– *Non, mais il est en bas, je vous en supplie.*
– *S'il ne l'a pas tapée aujourd'hui, nous ne pouvons pas venir. Nous restons à votre écoute, si votre père monte, nous interviendrons.*

J'ai donc enfermé ma mère dans la salle de bain, craignant que mon père fasse d'un coup de pied tomber la légère porte d'entrée de l'appartement. Il l'avait déjà fait et le referait encore. Il rôdait, comme un pervers.
Pour éviter de nous faire repérer, nous devions cacher notre voiture très loin de là où nous étions. Nous ne sortions qu'à la nuit tombée. Nous vivions les volets à moitié fermés, recluses, comme des prisonnières, en attente de notre mise à mort.
La violence de mon père n'avait pour limite que sa folie.

Régulièrement, il nous mettait un petit coup de pression imprévisible, telle une épée de Damoclès au dessus de la tête, comme pour nous rappeler que nous ne serions jamais libres et tranquilles.

Dans ces moments-là, son visage se transformait, il n'était plus que haine, je ne reconnaissais pas cet homme que j'avais vu blaguer, rire à tue-tête et danser lors des soirées réunionnaises de mon enfance. Je me souviens notamment d'un jour où, alors qu'il était au travail, nous étions rentrées ma mère et moi pour prendre des affaires en cachette à la maison. Nous venions de temps en temps récupérer des cahiers ou des vêtements, mais toujours en petite quantité, pour que mon père ne s'aperçoive de rien.
Je chargeais un petit sac quand j'entendis le moteur de la voiture dans la cour du bas.
– *Il est là, dépêche-toi, on va sortir par derrière ! ordonna ma mère.*

Je ramassai donc mes affaires à la hâte, dévalant les escaliers le plus vite possible pour accéder à la porte de derrière. Nous avons longé la maison, discrètement, pour quitter le domicile sans croiser mon père. Malgré notre prudence pour l'éviter, à la seconde où il nous a vues, il est entré dans une rage apocalyptique. Nous avons alors sauté dans la voiture, ma mère au volant, moi côté passager.
Elle n'a pas eu le temps de fermer la portière, mon père l'a attrapée par la gorge. Malgré tout, elle serrait le volant et tentait de démarrer, en vain. J'ai bondi de la voiture pour pousser mon père, attraper ma mère et nous nous sommes mises à courir aussi vite que possible. Nous remontions la rue à toutes jambes pour trouver refuge dans le bar du village.

– *Il ne nous a pas suivies, respire !*

Ce repos ne fut que de courte durée.
Quand nous sommes sorties, j'ai entendu le bruit d'un moteur lancé à vive allure. Mon père fonçait droit vers nous, avec l'intention de nous percuter sur le trottoir. Nous sommes entrées dans un parc de justesse.
Ce cauchemar a continué durant de longs mois, ponctué de coups, puis d'excuses.
– *Si tu te fais soigner, je te pardonnerai, disais-je à mon père. Tu dois arrêter tout cela, l'alcool, les cris, les coups. Si tu pars en cure, à ton retour, on sera là.*
– *Je vais le faire, je vais me soigner, avait-il promis entre deux sanglots.*

Et le cercle infernal reprenait. Rien ne changeait. Il était même devenu très créatif pour faire du mal à ma mère. Ne supportant pas qu'elle le quitte, il était fermement déterminé à la détruire…

De mon côté, je continuais à aller en cours et à fréquenter Anthony. Cela faisait six mois que nous étions ensemble à présent, et ma mère s'est entendue avec ses parents pour que j'aille vivre chez eux et retrouver une vie plus équilibrée. J'avais 18 ans, j'étais rebelle, ébranlée par la vie et habituée à suivre mes envies. Au milieu de ce marasme, cela faisait longtemps que personne ne s'était soucié de m'imposer des couvre-feux par exemple.
Retrouver un cadre familial strict, avec un beau-père légionnaire de métier, a été très difficile. Et malgré leur accueil, je ne me sentais pas chez moi… Je demandais sans cesse à Anthony l'autorisation de me servir dans le frigo ou de prendre un bain.

D'ailleurs, il n'était pas question pour moi, comme tous les adolescents, de m'affaler dans le canapé en regardant une série télévisée, les pieds sur la table basse du salon. J'étais sans cesse soucieuse de ne pas déranger. En revanche, ils ont sans aucun doute participé à tout ce qui m'a permis d'avancer par la suite.

Dans ce cadre, j'ai pu réussir tout ce que j'ai entrepris : le baccalauréat, le permis de conduire et mes premiers emplois.

6

Vivre ou survivre ? Le déclic.

Pendant les mois où j'ai vécu chez mes beaux-parents, ma mère a pu reprendre un appartement.
Je me suis installée avec elle afin de l'accompagner dans cette nouvelle étape de sa vie. Je mentirais si je disais que tout était simple...
Nous dormions sur un matelas gonflable et notre *living-room* était meublé d'un salon de jardin en osier prêté par ma belle-sœur.
Je profitais malgré tout du calme. J'étais enfin de retour avec ma petite maman, nous étions en train de reprendre le cours d'une vie normale.

Côté finances pourtant, nos ressources étaient au plus bas. Nous avions donc recours à la banque alimentaire des Restos du cœur.
Le principe est de se faire référencer avec le nombre de personnes dans le foyer pour recevoir la quantité et les aliments qui correspondent à l'âge et aux besoins de chacun. On allait chaque semaine avec notre caddie à roulettes chercher de quoi manger.
En échange, on participait à hauteur de deux euros,

cela permettait aux familles de garder un minimum de dignité. Bien entendu, nous étions limitées en quantité et en qualité. Nous avions surtout des pâtes, du riz et des fruits certes pas toujours en bon état, mais quelle chance nous avions de bénéficier de la générosité des gens et de cette magnifique idée de Coluche.

C'est à cet endroit, entourée de mères célibataires et de familles dans le besoin que **j'ai eu un déclic.**
Deux solutions s'offraient à moi :
- soit je me laissais couler, résignée dans cette vie qui était désormais ma réalité,
- soit je devenais le capitaine de ma vie.

Je faisais partie des plus démunis à cette époque, mais j'avais conscience de pouvoir changer les choses. Cela commençait par un changement dans mon état d'esprit.
Il était hors de question pour moi d'accepter mon sort. Ce serait certainement difficile, mais pas impossible. Je voulais créer ma vie, ma réalité, et mes ambitions. Ce jour-là, je me suis fait une promesse :

« Plus jamais tu ne subiras les choix de quelqu'un d'autre, mais tu dirigeras ta vie ».

J'étais assise là, sur un trottoir en plein soleil, dans cette file d'attente, face à toutes ces personnes en souffrance... Et cette rage que je ressentais était tellement forte que je rassemblai tout ce que je jugeais négatif pour en faire la force qui allait me permettre ensuite d'évoluer.

Mon plan d'action :

▶ **Objectif à long terme :**

Ne jamais être dépendante des choix des autres.

▶ **Plan d'action :**

1) Attendre que ma mère retrouve une stabilité.

2) Reprendre ma vie en main et m'éloigner de cette ville où je ne cessais de croiser au quotidien mes démons du passé.

Et chaque dimanche soir, je me questionnais pour évaluer comment j'allais progresser.

- Quel est mon objectif ?
- Qu'est-ce que je veux réellement au fond de moi pour être heureuse ?
- Où est-ce que j'en suis à cet instant précis ?
- Quelle est la première action que je peux mettre en place pour aller en direction de cet objectif ?
- Comment est-ce que je peux travailler mon mental ?
- Comment gérer mes émotions ?
- Qu'est-ce que me dit mon corps en ce moment ?

En faisant régulièrement un scan de ma vie, je transformais petit à petit mes pensées noires et ma colère en projets positifs.

Quelques semaines après mon déclic sur ce trottoir, Anthony et moi avons décidé de prendre un appartement pour nous construire une vie de couple.
À cette époque, j'étais en alternance dans le secteur de l'immobilier et il travaillait déjà, ce qui nous donnait les ressources nécessaires pour prendre notre envol.

Il était mon pilier.
Mon père n'était plus dans le paysage, ma mère allait mal, j'ai donc tout construit autour de l'homme avec qui je partageais mon quotidien.
J'étais entrée dans un automatisme, sans me poser de questions. Je menais une vie calme et ordinaire, un peu trop peut-être...

À vingt ans, nous vivions dans un petit village excentré, à quarante minutes de la ville la plus proche. Anthony passait des heures devant l'ordinateur et moi seule devant ma télévision.
Je m'éteignais à petit feu, sans même m'en rendre compte. Pour seul réconfort, je me réfugiais dans la nourriture. Je passais mes journées comme une panthère en phase de digestion et bientôt l'aiguille sur la balance dépassa la barre des cent kilos.
Je portais le poids des non-dits, de la souffrance, de la colère refoulée, pour ne surtout pas montrer que je pouvais et que j'avais le droit d'être en colère ou meurtrie. Je m'en suis rendu compte des années après, mais à ce moment-là de ma vie, je mangeais mes émotions.

7

Un paradis sur terre

J'avais vingt-deux ans quand nous avons décidé d'acheter une maison. Non par réel désir profond, mais pour suivre les étapes d'une vie de couple. Finalement, nous étions portés par notre éducation, la société, et les codes du paraître.
Comment faire les bons choix quand on ne se connaît pas réellement soi-même ?
Nous avons fait des choix qui ne nous ressemblaient pas. Portés par l'influence de la « normalité » et du principe foireux « c'est comme ça que ça devrait se passer », nous n'avons pas porté attention à ce qui nous entoure et ce qui nous nourrit émotionnellement et psychologiquement.
Je me souviendrai toute ma vie de cette maison.
Au départ, je visitais le lieu pour un client qui souhaitait vendre. C'était un petit chalet en bois, avec des champs à perte de vue et des chevaux qui galopaient librement. Quel rêve !
J'ai su immédiatement qu'elle était faite pour nous, sans même avoir vu l'intérieur. Le soir, je suis rentrée à notre appartement tout excitée :
– *Anthony, on achète, ce lieu est un paradis sur terre ! C'est inexplicable, on doit y aller.*

La semaine suivante, nous avons acheté sans hésiter cette maison pour éviter que quelqu'un d'autre ne se l'approprie. Pourtant, deux mois plus tard, je traversais une crise existentielle.
Nous devions nous marier, faire un enfant, notre vie était toute tracée... Nous étions ensemble depuis près de cinq ans et il était l'homme idéal aux yeux de tous : gentil, attentionné, travailleur.
Je me souviens encore de cette journée qui a transformé le reste de ma vie.

J'étais assise comme à mon habitude, devant la télévision, je regardais un film d'amour poignant quand la scène du mariage est arrivée. En voyant la mariée, ses larmes de joie et toutes ses émotions qui transperçaient l'écran, un sanglot m'a serré si fort la gorge que je me suis sentie étouffer de tristesse. Mon corps ressentait tout cela avec une intensité si forte que pour la première fois depuis longtemps, je me suis questionnée.

Était-ce vraiment ce que je voulais, cette vie calme, posée, sans folie, sans passion ? Était-ce ma vie ?
Je ne ressentais pas cet amour passionnel dans mon cœur pour ma propre vie qui bouleversait tant cette mariée si réelle dans mon téléviseur.
À cette époque de ma vie, mon estime était largement affaiblie. Je ne savais même pas quels étaient mes besoins, mes rêves, mes envies. Je me laissais porter comme un bois mort dans une rivière. Jusqu'au jour où j'ai, symboliquement parlant, heurté un rocher : j'ai eu une prise de conscience, une intuition puis une conviction si profonde que c'était une évidence poignante.

Je me suis levée, j'ai mis quelques vêtements dans une valise, j'ai sauté dans ma voiture et je suis partie sans me retourner, le cœur lourd mais sûr. Je voulais aller sur une plage, pourquoi ?
J'avais besoin d'air, de crier, de pleurer, d'évacuer toutes mes émotions. Haine, colère et tristesse m'ont accompagnée durant des heures de route en direction du sud de la France. Sans avoir d'autres plans en tête que cette plage de sable et la mer à perte de vue.
De son côté, Anthony était en train de saisir l'ampleur de la crise :
– *Je comprends, tu paniques, c'est normal Aurélie. Tu as eu une vie difficile, tu as traversé plein d'épreuves. Ça arrive, ce genre de réactions.*

Au fond de moi, je sentais que cette remise en question était bien plus profonde. Je réalisais que cette vie n'était pas la mienne. J'avais suivi le fil d'une histoire sans me poser de questions et j'étais prise au piège.
Alors que je faisais une pause à une station-service, ma mère m'appela et eut à peu près les mêmes mots qu'Anthony.

– *C'est une crise de panique, c'est normal, ça va passer. Reviens. Sois raisonnable.*

Personne ne comprenait alors l'étendue de la remise en question sur ma vie, mais j'avais pris une décision radicale en une fraction de seconde, dont j'étais certaine, et sur laquelle je ne reviendrais pas en arrière.
Pourtant, huit jours auparavant, j'étais Aurélie, l'amoureuse éperdue et dépendante affective, pour qui il était inconcevable voire impossible d'imaginer une vie sans Anthony.

Avant cette prise de conscience, j'aurais pu mourir pour ne pas m'éloigner de lui. Et je suis passée d'un extrême à l'autre : de la fusion à l'autonomie, du rêve d'une vie parfaite à la conscience que tout ça me donnait envie de vomir.
Quand je suis revenue dans la maison quelques jours plus tard, le plus difficile pour moi fut de voir Anthony dévasté.
– *Je ne peux plus. Tout ça, ce n'est pas ma vie. Tu es parfait, mais ce n'est pas cette vie que je veux.*

Nous avions acheté une maison ensemble deux mois auparavant. Nous avions le projet de nous marier et d'avoir un enfant l'année suivante. Il ne s'attendait pas à ce raz de marée. Dans les premiers temps, nous avons continué à vivre ensemble le temps de revendre le chalet. Mais partager le quotidien avec celui qui m'aimait tant, alors que je n'avais plus de sentiment pour lui, m'était devenu insupportable...

Anthony tentait de me reconquérir, en venant me parler, m'embrasser. En réalité, toutes ses attentions ne faisaient que renforcer mon envie de fuir, jusqu'à l'écœurement. Je ne voyais plus celui que j'avais aimé. L'image idyllique que je voulais bien voir de notre vie est partie quand j'ai accepté d'être honnête avec moi-même.
Nous avons alors décidé d'une sorte de garde alternée de la maison : une semaine sur deux. Quand l'un vivait dans le chalet, l'autre partait dans sa famille.

À chaque échange de clés et de consignes pour la maison, je le voyais dépérir, perdre du poids, pleurer. J'ai d'autant plus vu la souffrance d'Anthony à cette période que ma mère vivait juste à côté de chez ses parents, dans la même ville. Le voir dans cet état me fendait le cœur et mon entourage

me rappelait régulièrement que j'étais en train de gâcher ma vie. Une seule personne a compris ma décision, c'était la mère d'Anthony.
Elle avait des dons de voyance et tirait les cartes, elle fêtait son anniversaire au moment de notre séparation et j'étais malgré tout invitée. Je me souviendrai toujours de ce qu'elle m'a dit ce jour-là :
– *Mon fils, c'est toute ma vie. Mais je te le dis Aurélie, ce destin que tu te construis n'est pas le tien. Il faut que tu partes, car je vois bien que tu es malheureuse et que tu t'éteins petit à petit.*

Cette seule approbation, quand tout le monde me disait que je faisais une énorme bêtise et que j'aurais dû me sentir honteuse, m'a enlevé un immense poids. De toute façon, j'étais certaine de mon choix.
Je pense que chaque rencontre dans une vie, qu'elle soit bonne ou mauvaise de prime abord, est là pour nous guider, nous soigner, nous comprendre, nous soutenir, nous apprendre. Et dans cette phase où nos chemins se séparaient, nous devions tous apprendre.

Tous les jours, à chaque échange de clés, à chaque appel me disant de lui laisser une chance, malgré ma tristesse, je me disais : « Surtout, ne pas céder ».
Je devais coûte que coûte tenir le coup car je savais que c'était la seule et la meilleure décision à prendre pour être heureuse, même si cette notion de vide et de solitude m'effrayait.

Un dimanche midi à l'approche des fêtes de Noël et après un mois de notre garde alternée du chalet, je l'attendais comme d'habitude. Mais ce jour-là, j'ai attendu plusieurs heures, et il n'est jamais venu me donner les clés.

Quand je me suis décidée à lui téléphoner, il m'a annoncé :
– *Maminou est morte.*
J'étais sous le choc. Sa mère était morte.
– *Qu'est-ce qu'il s'est passé ?*
– *On est à l'hôpital, elle a fait une crise cardiaque, au milieu de la nuit.*

Si, dans un sens, j'essayais de me convaincre que notre séparation avait donné l'occasion à Anthony de passer du temps avec sa mère avant qu'elle ne meure, je me sentais surtout terriblement coupable. J'ai longtemps vécu avec ça : elle avait vu son fils détruit par ma faute et elle est morte peu après...
J'étais convaincue d'être responsable de ce malheur. Même si la famille d'Anthony me rabâchait que je n'y étais pour rien et que sa santé n'était pas au mieux, je ne pouvais m'enlever ça de la tête !

8

Changement de visage

Après le décès de sa mère, Anthony a changé de visage. C'était peut-être l'épreuve de trop pour lui et je peux le comprendre. Il était désormais dans la haine et comptait bien me faire payer mon départ. Je devais donc me débrouiller seule pour vendre la maison, sans nous faire perdre le moindre centime investi.
Pourtant, travaillant dans l'immobilier, je le savais mieux que personne : acheter une maison et la revendre deux mois plus tard est quasiment mission impossible.
Je me suis alors battue comme une lionne pendant des semaines pour obtenir l'accord du maire afin de rendre le terrain constructible, creuser des tranchées devant la maison et faire installer une nouvelle fosse septique aux normes.
J'ai finalement réussi à conclure la vente, en faisant même monter les enchères pour nous dégager un bénéfice !
Anthony avait été clair à ce sujet, il ne voulait pas faire d'argent sur notre malheur.
Notre deal était le suivant : je vendais notre maison, lui rendait ses parts et gardait pour moi le pécule restant s'il y en avait un.
La vente conclue, j'étais soulagée de savoir que ce chèque

m'attendait, d'autant que mon patron de l'époque m'avait fait un chèque en bois, me laissant sur la paille.
Le jour de la vente officielle chez le notaire avec la remise des clés et du chèque est donc arrivé :
– *Vous avez fait cinq mille euros de bénéfice sur la vente, à quel nom dois-je mettre le chèque ?*
– *À mon nom, a répondu sèchement Anthony en me coupant la parole.*

Stupéfaite, j'ai compris instantanément qu'il n'était plus question pour lui de me laisser quoi que ce soit…
– *Ce n'était pas ce dont on avait convenu Anthony !*
– *C'est autant mon argent que le tien, je veux la moitié, point.*

De mon côté, je me sentais trahie. Je trouvais sa vengeance injuste. De quoi étais-je coupable ?
D'avoir osé dire que je n'étais plus heureuse ?
D'avoir osé lui rendre sa liberté en étant honnête au plus vite, plutôt que de faire durer la mascarade des années ?
N'ayant pas d'autres choix, je devais tirer un trait sur tout ça pour ne pas me rendre malade et libérer ma tête. Entre le passé et le futur, il n'y avait pas de place pour les deux si je voulais vivre le présent.

Côté orientation professionnelle, j'avais envie de mieux faire, de profiter de ce changement dans ma vie. Mais d'aussi loin que je me souvienne, l'école n'a jamais été ma grande amie. Et autant dire que la pelade, avec mes cheveux qui tombaient littéralement, n'est pas restée dans mes meilleurs souvenirs...
Plus tard, au collège, j'avais également subi du harcèlement scolaire. Durant huit mois et à chaque récréation et sortie

du collège, un groupe d'adolescentes s'en prenait à mes deux amies et à moi. Nous étions tapées, menacées, sous pression constante.
En cause ? Notre profil de blondes aux yeux bleus, débarquées tout droit de la campagne, ne plaisait pas. Je gardais la face, je ne me plaignais pas...
Alertés par d'autres parents, les miens m'ont retiré de ce collège pour partir une année dans le privé.
Dans ma nouvelle école, tenue par des sœurs catholiques, il y avait de nombreuses règles qui ne me plaisaient pas au premier abord.
Des années plus tard, je réalise que cela me structure aujourd'hui personnellement et professionnellement.

Quand est venu le moment de ma première orientation, mon idée était claire : je voulais faire un CAP de coiffure. Pourtant, c'était impossible de trouver un employeur.
À la veille de la rentrée, j'ai donc dû faire un choix par défaut, dans le bureau de la principale du lycée. J'avais trois options : secrétariat, comptabilité ou vente.
C'est donc vers la vente que je me suis tournée, en désespoir de cause, car les deux autres étaient inconcevables pour moi. J'ai donc obtenu un BEP vente puis un bac pro commerce.

Si vous avez suivi, à cette époque la violence de mon père était à son comble à la maison. Comme je dormais sur les bancs de l'école à cause de ma situation personnelle, mon bulletin scolaire ne contenait que des « Peut mieux faire ». Un commentaire répété tant de fois qu'il a laissé une marque indélébile dans mon cerveau. Aujourd'hui, il me suit encore...

Mon baccalauréat a été l'opportunité pour moi de découvrir de nombreux environnements professionnels grâce aux stages: animalerie, beauté, bien-être, prêt-à-porter. Une grande diversité dans laquelle je m'ennuyais à mourir. Imaginez-moi avec mon énergie débordante à passer des heures debout, dans l'attente qu'une cliente entre dans la boutique... Quel calvaire!

Enfin, pour mon dernier stage, un ami qui travaillait dans l'immobilier m'a proposé de faire une tentative dans cette voie professionnelle. J'ai foncé sans hésiter à dix-huit ans à peine. Allant travailler dans une vieille R5 qui avait plusieurs tours du monde au compteur, je détonnais dans un cabinet qui menait d'importantes transactions financières. Pourtant, j'ai littéralement explosé le compteur des ventes.

Mon stage de deux mois a été une réussite au-delà de toutes les espérances. Mon patron lui-même n'en revenait pas d'une telle ascension. Je m'étais découvert une vocation dans l'immobilier: j'excellais et j'adorais ça.

J'aidais des gens à trouver la maison de leur vie.

Mes résultats étaient tellement bons que mon employeur m'a proposé de passer mon BTS immobilier en alternance.

Ma réussite ne faiblissait pas, car ma démarche était bien différente de tous mes confrères qui énumèrent des critères cartésiens: nombre de chambres, superficie, emplacement, etc. Au secours, cela ressemblait à des entretiens d'embauche pour la sécurité sociale!

De mon côté, je demandais aux clients de me décrire leur rêve, je leur permettais de sortir du cadre et de libérer leurs souhaits profonds. Peu importe le domaine, c'est toujours une démarche gagnante!

Pour me récompenser de ces bons résultats, mon employeur a proposé de m'offrir une voiture. Plus question d'accompagner les acheteurs potentiels dans une vieille carcasse et devinez... j'ai opté pour une Mini Cooper jaune vif.

Deux années se sont écoulées sans encombre jusqu'au jour où mon patron nous a fait part de problèmes familiaux qui lui laissaient pour seule option de fermer l'agence. Loin de nous laisser tomber, il avait promis de nous aider à trouver un emploi chez un confrère.

J'avais confiance en celui qui était mon mentor. Il m'avait permis de monter les échelons, m'avait offert une voiture : il m'aidait à trouver le chemin d'une vie équilibrée.

Puis le jour de la fermeture officielle de l'agence est arrivé. Convoquée en privé dans son bureau, j'ai eu droit à un magnifique éloge de mon travail, un discours digne des remises de diplômes avec une vive émotion. Les mots étaient bien choisis et reflétaient son attachement et sa fierté de m'avoir aidée à me révéler professionnellement et à prendre mon envol de femme. Je voyais les larmes monter dans son regard affectueux, j'étais moi-même très émue.

Enfin, il m'a tendu un chèque. Entre les indemnités, mon salaire du mois et de quoi me racheter une voiture (car la Cooper était au nom de la société), j'étais triste, mais confiante à l'idée d'être positionnée comme promis avec mes collègues, dans une autre agence prochainement.

Mon chèque en poche, heureuse et confiante, j'ai acheté une voiture à dix mille euros et j'ai profité de mon temps libre pour faire la fête et reprendre ma vie de jeune femme.

C'était pile au moment où je me séparais d'Anthony. J'avais

besoin d'air, de renouveau. Pourtant, rien ne s'est passé comme prévu.
Un matin, alors que je rentrais de soirée, j'ai reçu un coup de fil de ma banque :
– *Madame, pouvez-vous passer d'urgence à l'agence ? Il n'y a plus d'argent sur votre compte, vous êtes à 9 000 euros de découvert.*

Les yeux à demi-ouverts et le cerveau embrumé, je ne réalisais pas encore l'importance de cet appel.
– *Oui, je viens d'acheter un véhicule, mais rassurez-vous, j'ai déposé un chèque de 10 000 euros il y a quelques jours.*
– *Madame, nous avons bien réceptionné votre chèque, mais il nous a été retourné, car il est sans provision...*

J'en restai sans voix. Ma voiture flambant neuve n'avait pas deux jours et mon mentor m'avait menti droit dans les yeux en me donnant un chèque en bois.
Durant six mois, je me suis battue : j'ai recherché la trace de mon ancien employeur mais malgré toutes mes démarches, personne n'était responsable et il était insolvable.

Quand je faisais le bilan de ma vie, après l'abandon de mon premier amour Jannick, la violence de mon père, la trahison d'Anthony devant le notaire, c'était au tour de mon mentor de me lâcher minablement. Du jour au lendemain, j'étais sans voiture, sans emploi, sans compagnon et dans une maison vide.

J'étais clairement dans le creux de la vague.

9

Un coup de pied aux fesses

Après avoir dévoré plus de 250 livres de développement personnel pour me reconstruire, je ne pouvais pas me laisser aller. Je m'étais fait une promesse quand on mangeait aux Restos du cœur: « Ne jamais abandonner et ne jamais plus subir ».

Peu à peu, j'ai pu rebondir. J'ai appris de cette expérience que je n'aimais pas être salariée, car cela signifiait pour moi pouvoir tout perdre du jour au lendemain et non un gage de sécurité comme on nous le fait croire sur les bancs d'école. J'avais compris que je ne pouvais pas tomber plus bas et qu'il était parfois nécessaire de déconstruire pour reconstruire sur des fondations solides.

Comme un bon coup de pied aux fesses, la séparation avec Anthony me permettait aussi d'ouvrir les yeux sur mon apparence physique.

Je n'en pouvais plus d'entendre des « elle a un beau visage », « elle a de beaux yeux ». Avec mon poids avoisinant les 100 kg, on me rappelait sans cesse que je n'étais pas dans la norme, mais il a fallu que je voie réellement les trois chiffres s'afficher officiellement sur la balance pour que je me réveille.

Désormais seule, je devais me ressaisir si je souhaitais à nouveau partager ma vie avec quelqu'un et finir par m'aimer. J'ai alors décidé de commencer la boxe, non pas pour les combats mais davantage pour les entraînements reconnus pour l'exercice cardio.
À cette période, je mangeais entre cinq et huit fois au fast food par semaine. Entre le kebab, le burger et la pizza, j'engouffrais aussi presque un pot de sauce pour chaque portion de frites. Je passais mes journées en voiture, à faire les trajets entre les rendez-vous clientèle, mon domicile et le bureau. Je me souviens même que j'utilisais la voiture pour aller à la poste du village qui se trouvait à peine à cinq minutes à pied.

Lors des premiers entraînements sportifs, je me plaçais au fond de la salle pour éviter que l'on me regarde. Et là, c'était parti : course, squat, pompes, abdos, au sol, debout... À peine dix minutes d'effort et j'étais prise de nausées et de tremblements.
Ça a duré deux mois avant que je puisse faire une séance sans me sentir mal. J'allais jusqu'à trois fois par semaine faire des séances de deux heures sans relâche. Et mes efforts ont été récompensés jusqu'à perdre 20 kg en moins de six mois.

Un jour, nous sommes allées faire les boutiques avec ma mère. C'était toujours un supplice, chaque essai de vêtement se transformait généralement en dégoût, perte d'estime, car rien ne m'allait, et mon reflet dans le miroir me dégoûtait. Mais cette fois-ci, j'ai eu un choc.
Sans grande conviction, j'ai pris une robe que je suis allée essayer. En cabine, je me suis regardée dans le miroir et c'est comme si c'était la première fois que je voyais que j'avais perdu du poids.

Mon corps avait changé depuis longtemps, mais mon cerveau n'avait pas enregistré l'information.
J'avais perdu quatre tailles de pantalon, c'est un fait, mais je n'arrivais pas à saisir mes émotions. Cette sensation était étrange: était-ce de la joie ou de la peur? Je ne me reconnaissais plus. Surtout, je perdais ma carapace de protection contre le monde extérieur...

Boostée comme jamais, j'ai décidé d'obtenir absolument tout ce que je souhaitais sans jamais me limiter, en me souvenant que je pouvais absolument tout perdre, du jour au lendemain.
J'ai alors déposé des candidatures comme directrice d'agence et je me suis rapidement retrouvée à la tête de plusieurs entités, allant jusqu'à diriger quarante employés.

À 22 ans à peine, ça me faisait bizarre d'être responsable d'agence immobilière et de manager des hommes qui avaient parfois le double de mon âge. Et je peux vous assurer qu'on ne me faisait pas de cadeau!

Un jour, le secrétariat m'a envoyé en rendez-vous à la dernière minute avec un client que je ne connaissais pas et qui exigeait que ce soit la directrice de l'agence qui vienne.
Je me souviens encore de ce froid glacial de décembre. Arrivée en plein milieu d'un champ de terre, avec pour seul local une cabane de chantier en préfabriqué, j'entendais devant la porte des personnes discuter à l'intérieur. J'ai donc sonné, mais rien. J'ai attendu, attendu, sonné, sonné encore. J'entendais toujours ces voix, mais personne pour m'inviter à entrer.
En plus d'être impatiente, j'étais frigorifiée. Sonnant pour la troisième fois, j'ai repéré une petite pancarte « sonnez et entrez ».

À peine un pied à l'intérieur, je vis un bureau.
Face à moi, une femme, que j'imagine être la secrétaire, puis un homme assis dos à la porte.
– *Bonjour, je viens pour rencontrer monsieur…*
– *On ne vous a pas appris à attendre ? Ressortez et revenez ! a-t-il imposé sans même prendre la peine de se retourner.*

Choquée et humiliée, je suis sortie vexée comme un pou. De nouveau, j'ai frappé. Je suis restée là dans un silence total, pendant quelques minutes interminables, en attente de la délivrance.
– *Entrez ! ai-je finalement entendu d'un ton sec.*

En professionnelle, j'ai ouvert la porte en ravalant ma salive, faisant mine que tout allait bien.
Il s'est levé, m'a serré la main. Il était vêtu d'un jean sale et troué, les chaussures pleines de boue, et la carrure imposante.
Je me sentais gênée et j'avais envie de fuir.
– *Prenez vos affaires et suivez-moi, on va aller voir mes biens.*

Il avait le ton sûr, le pas pressé et je m'exécutai sans me faire prier. Arrivée à sa voiture, j'ai réalisé que la superbe Porsche était la sienne.
Stupéfaite, je suis montée côté passager sans broncher. Le froid extérieur n'était rien en comparaison de l'ambiance glaciale qui m'attendait pendant les trente minutes de route.
Sur les lieux, j'ai découvert un château, un immeuble, puis un lotissement de maisons en cours de construction.
J'étais impressionnée par le nombre de personnes qui travaillaient pour son compte : ouvriers, chefs de chantier. Évidemment, tout le monde lui cirait les pompes… Je venais

de comprendre que cet homme aigri à l'allure défraîchie était millionnaire.
Cette rencontre fut une grande leçon de vie pour moi. Je compris qu'il ne fallait jamais juger une personne sur son apparence.

Pour nos rendez-vous, il avait pour habitude d'arriver toujours en retard et ça avait le don de m'agacer. Jusqu'au jour où j'ai eu un élan de confiance :
– *Oui, Aurélie, à demain !*
– *Par contre, Monsieur, demain c'est 11h pile, pas 11h20. Avant l'heure, c'est pas l'heure, après l'heure, c'est plus l'heure.*

Il m'a raccroché au nez en bougonnant et je dois avouer qu'à cet instant, je n'étais alors plus très sûre de moi.
Néanmoins, le lendemain il est arrivé à l'heure exacte et d'un pas franc, et il m'a tendu la main. Je m'attendais à me prendre une soufflante mais j'étais prête et décidée, bien droite dans mes pompes.
– *Vous savez Aurélie, on ne m'a jamais parlé de cette façon ! Dans ma vie, jamais personne n'a osé me donner des ordres. Eh bien, serre-moi la main, c'est à toi que je vais confier tous mes biens immobiliers. Parce que tu es culottée et déterminée, et ça, ça me plaît !*

C'est à cet instant précis que j'ai compris que je pouvais être respectée pour ce que j'étais et que je devais oser prendre ma place. Je suis repartie, confiante et gonflée à bloc.

10
Nouveau défi

Ces épreuves, tant professionnelles que privées m'ont poussée à aller de plus en plus loin en me faisant accompagner par des thérapeutes, chamanes et autres professionnels pour m'accompagner dans ce parcours de reconstruction.
Pourtant, après avoir gagné le respect de mes équipes, des clients, et fait exploser les bénéfices, je me suis de nouveau ennuyée.
Le souvenir de mes enseignants d'école et leurs annotations sur mes bulletins scolaires revenait: « Peut mieux faire ». Je voulais plus, apprendre plus, expérimenter plus. J'avais besoin de papillons dans le ventre, de l'adrénaline des nouveaux départs, de l'excitation du challenge. Et chaque fois que j'obtenais un poste à responsabilité, que je commençais à être très à l'aise et à connaître les ficelles du métier, je me retrouvais dans une zone de confort, un espace de vide intérieur et d'ennui à mourir!

Mes envies d'adolescente pour la coiffure sont revenues, je me suis tournée vers ce désir, ravivé par le besoin de côtoyer un monde professionnel plus féminin.

Je voulais revaloriser l'estime et l'image des femmes. J'en avais assez de baigner dans le milieu très requin de l'immobilier, certes constitué de challenges, mais très axé sur la conquête, le pouvoir et l'argent.
Décidée, j'ai donc passé un CAP accéléré en un an. Assidue, travailleuse et au premier rang, je ne reconnaissais plus l'étudiante assoiffée que j'étais devenue. Comme une deuxième chance, voire une revanche sur la vie. Diplôme en poche, j'ai également passé un brevet professionnel pour diriger un salon de coiffure.
Malheureusement, dans ma ville il était impossible de trouver un employeur pour faire de l'alternance, au vu de mon âge et du salaire qui devait en découler. Résignée à proposer ma candidature ailleurs, je n'avais qu'un seul impératif : éviter Paris. Cette ville ne m'attirait pas du tout, je la trouvais superficielle et prétentieuse. Mais je vous le donne en mille : après cent courriers envoyés, où se trouvait le seul salon qui m'acceptait ? Paris !

Loin de me laisser démonter, j'ai tenté ma chance et je suis partie une valise à la main. La veille de mon premier jour, j'étais chez une amie de ma sœur pour démarrer une colocation. En tête à tête avec les seuls biens qui me restaient, une valise et une vieille penderie à moitié cassée, dans une chambre sombre sous les combles.
À la seconde où je me suis assise sur le lit, j'ai été surprise par un élan de sanglots.
Qu'avais-je fait ?
Seule, ici, j'avais l'impression d'avoir encore tout perdu.
Je tombai en arrière sur le lit et mes yeux fixèrent le velux.
Les étoiles scintillaient dans cette nuit si sombre pour moi.
La gorge nouée, le cœur serré, je m'effondrai de peur.

Après vingt bonnes minutes, une dernière larme a coulé et je me suis ressaisie :
– *Bon sang, tu n'as pas traversé tout ça pour rien ! Vois le bon côté des choses, ici tu ne connais personne, tu ne croiseras plus ton passé.*

Prête à affronter cette nouvelle vie, je me suis autopersuadée que tout allait bien se passer. J'ai souri. Néanmoins, quand j'ai quitté l'appartement le lendemain, je me sentais exactement comme Mimi-Siku dans le film un Indien dans la ville. Complètement paumée, entre les gens qui me rentraient dedans, ceux qui mettaient leurs écouteurs et ne regardaient que leurs pieds, j'observais avec des yeux effarés ceux qui couraient et les voitures ne s'arrêtant pas. Je n'avais jamais vu un RER, un métro, ni un tram. J'étais loin de ma campagne avec feu de camp et marshmallows.

À l'âge de 24 ans en alternance, je devais gagner mille cent euros par mois. C'était plutôt faible avec le coût de la vie et d'un loyer parisien, mais cette perspective me permettrait de m'en sortir.
Quand la signature du contrat est arrivée, j'avais rendez-vous dans un café parisien. Nous étions bien installées, quand j'ai découvert que ma patronne me proposait finalement huit-cent-soixante-quatre euros.
– *Je suis étonnée, je suis venue pour un salaire de mille cent euros, c'est ce qui était convenu depuis le départ…*
– *Ne vous en faites pas, c'est parce que vous n'avez pas vingt-cinq ans révolus, c'est seulement pour le premier mois de contrat.*
– *Vous êtes sûre que je peux signer ça et dès le mois suivant, je percevrai le bon salaire ?*
– *Oui, oui, votre salaire sera bien supérieur !*

Il n'en fut rien. J'ai trimé près de deux ans pour cette somme dérisoire, allant même jusqu'à diriger le salon et les employés.
J'avais de nombreuses responsabilités qui ne m'appartenaient pas: l'ouverture et la fermeture du salon, la gestion des encaissements et la relation client. J'étais de plus en plus exploitée et j'étais coincée entre l'excitation de diriger le salon et la nécessité de faire augmenter mon salaire.
J'avais de nombreuses idées pour développer le chiffre d'affaires, briefer les équipes sur la vente pour leur permettre d'augmenter leurs revenus avec des primes, améliorer le confort du salon et l'expérience clientèle.
Malheureusement, je me suis souvent sentie seule.
J'avais de la difficulté à poser le cadre, car je ne voulais ni être un petit commandant, ni la bonne copine. Je devais sans cesse me reprendre, car je suis une femme de cœur et proche des gens. Je posais intentionnellement des barrières pour garder une relation professionnelle et ne pas aller sur le terrain de l'amitié. D'ailleurs, c'est simple: à ce moment de ma vie, je n'avais pas d'amis.
En plus de mes horaires de travail, j'avais plus de trois heures de transport par jour. J'acceptais aussi de travailler de nuit et le week-end pour payer mes factures. Le temps a passé et je n'étais plus du tout excitée par le management du salon et surtout, je manquais cruellement de reconnaissance.

Avec tous mes diplômes et mes années d'expérience dans l'immobilier, le management et la gestion, j'ai démarché des entreprises en recherche de consultants pour les accompagner dans leurs difficultés telles que la perte de visibilité, la baisse du chiffre d'affaires et les problèmes liés au recrutement de leur équipe.

J'ai signé plusieurs contrats, mais la dernière entreprise que j'ai accompagnée m'a laissé un goût amer. J'ai rencontré des hommes et des femmes d'affaires prêts à tout pour réussir, sans aucune reconnaissance pour le travail des autres, juste là pour faire un maximum de fric, peu importe ce qu'il en coûte et si les employés sont exploités. Pour ce genre de personnalités, j'ai dû virer des personnes à leur place et je voyais bien que tout se passait comme ça leur chantait.

Écœurée par ce manque d'humanité, j'ai craqué, je ne savais plus quoi faire professionnellement...

11

Une lueur dans l'ombre

D'un point de vue personnel, je continuais à travailler sur mes blessures de trahison et d'abandon, car je me rendais bien compte que je n'attirais à moi que des personnes toxiques, instables ou des hommes infidèles. J'ai préféré me recentrer sur moi, tout stopper et j'ai décidé de ne plus laisser entrer aucun homme dans ma vie, tant que je n'avais pas travaillé pour déconstruire mes schémas de protection et mon manque de confiance envers les hommes.
Ensuite, je pourrais reconstruire sur de nouvelles fondations positives, en cessant d'avoir peur et d'associer les hommes à la tromperie et au mensonge.

J'avais besoin d'intégrer cette vérité :

Si on ne s'aime pas soi-même, comment peut-on demander à une autre personne de nous aimer et lui remettre la responsabilité de combler ce vide en nous ?

L'amour d'un partenaire de vie doit être comme la cerise sur le gâteau, ce n'est pas son rôle de subir et encore moins de réparer le passé.

Je devais commencer par le début : mon père.

Voici quinze ans que je ne l'avais pas vu et que je retenais de la rancœur et de la colère envers lui.
Il était hors de question pour moi de pardonner, d'avoir la moindre nouvelle, ou même de le croiser dans la rue ou un magasin.
Lorsque je retournais quelques fois par an dans ma ville d'origine pour voir ma famille, je me demandais :

> *« Si on me prévient qu'il est en train de mourir, j'irai le voir ou pas ? »*

Eh bien non, c'était un véritable « non » du cœur.

Quitter sa femme, j'acceptais. L'infidélité aussi. Mais les violences, la rue, la police, le harcèlement et les traumatismes, ça NON !

À partir de ce jour, j'ai décidé de penser à moi et de ne plus vivre dans le passé.
Ma reconstruction induisait une rupture émotionnelle définitive avec cet homme. J'ai décidé de considérer qu'il était déjà mort.

Peu à peu, j'apprenais à m'aimer pour ce que j'étais et à vivre seule. En revanche, je m'entourais de nombreux professionnels tels que des thérapeutes et coachs.

Je m'enrichissais parallèlement de lectures telles que :

- Le secret de Rhonda Byrne - Ces femmes qui aiment trop de Robin Norwood,
- Le pouvoir du moment présent d'Eckhart Tolle,
- Les 5 blessures qui empêchent d'être soi-même de Lise Bourbeau,
- Ta deuxième vie commence quand tu comprends que tu n'en as qu'une de Raphaëlle Giordano,
- Pourquoi les hommes viennent de Mars et les femmes de Vénus de John Gray,
- Oser : thérapie de la confiance en soi de Frédéric Fanget, et tant d'autres !

Le tout n'est pas de lire, mais d'appliquer... doucement un à un.
L'erreur quand on est décidé à prendre sa vie en main, c'est de vouloir tout changer, tout démarrer et obtenir des résultats en une semaine. Aïe !
Si vous souffrez d'un manque d'estime profond voire d'un manque d'amour, de dépendance affective ou autre souffrance depuis votre tendre enfance, acceptez que la reconstruction puisse prendre des années, voire toute une vie. Aucun psychologue, thérapeute, kinésiologue ou peu importe son titre ne va vous guérir miraculeusement en trois séances.
Agissez, osez demander de l'aide, mais comprenez que le chemin sera long et que c'est normal.
Au fur et à mesure, vous allez vous sentir de mieux en mieux. Évidemment, il y aura des jours où vous allez retomber dans vos peurs et vos anciens schémas.
Ne vous dites pas « Foutu pour foutu, ça ne marchera jamais,

je suis condamnée à vivre dans la souffrance et la misère toute ma vie, je laisse tomber ! ».

Engagez-vous avec vous-même à prendre soin de la personne que vous êtes. Épousez-vous vous-même !

D'ailleurs, parlons un peu d'amour...

Hey oh, je n'allais quand même pas rester célibataire toute ma vie ?!

En 2013, j'étais prête, enfiiiiiiin !
J'ai fait plusieurs exercices pour prévenir l'Univers de ma disponibilité. Je prenais le temps de rêver et visualiser cette rencontre, cette relation future.
J'avais fait une liste des critères essentiels. Je savais exactement ce que j'aimais et surtout ce que je ne voulais pas. Mon homme parfait était précis dans ma tête, autant sur le plan physique, que moral en passant par ses valeurs. Régulièrement, j'en parlais à ma meilleure amie, je m'endormais tous les soirs en visualisant exactement ce que je vivais avec lui, comme si.
Comme si quoi ? Comme s'il était déjà dans ma vie.
J'avais fait de la place dans un tiroir, ajouté une brosse à dents pour lui, j'écrivais nos soirées romantiques, j'imaginais les surprises, les imprévus...
Pendant six mois, je n'ai pensé qu'à ça, qu'à lui ! Je le voyais précisément dans les moindres détails de toutes mes visualisations. Je souriais, je vibrais cette relation. C'était tellement fort que j'avais la conviction à 10 000 % qu'il était déjà là, à mes côtés.
Puis un jour, un ami m'a présenté son meilleur copain.

Nous avons pris le temps de faire connaissance par téléphone pendant quelques mois. Et la veille de mon anniversaire, le 6 septembre, arriva notre première sortie.

Tout était exactement comme je l'espérais, nos échanges étaient fluides, on partageait les mêmes ambitions, le goût des voyages, nous avions des valeurs communes. Et waouh ! Il me couvrait d'attentions, de surprises.
Le lendemain de mon anniversaire, une femme est venue me déposer un énorme bouquet de fleurs au travail. J'étais encore plus rouge que le canapé de Drucker, mais tellement heureuse.
– *L'homme qui m'a demandé de vous remettre ce bouquet vous attend dehors…*

Je me suis précipitée dans ses bras en essayant de vivre pleinement mes émotions sans pour autant le faire fuir.
J'ai compris que les choses seraient enfin différentes dans ma vie sentimentale.
Certes, j'ai eu des peurs, des épisodes de dépendance affective avec le besoin d'être en fusion. Mais au fur et à mesure, j'apprenais à faire confiance, à apaiser mon mental et mes angoisses.
Je travaillais énormément sur mes pensées, les croyances qui pouvaient me limiter, et je répétais quotidiennement des affirmations positives pour ancrer cette nouvelle vision de la vie et du couple.

Est-ce que mes peurs allaient empêcher un nouvel abandon ou une autre trahison ? Non, ça allait simplement renforcer mes craintes.
Alors j'ai appris à m'aimer avant tout, même avant mon

homme. Et nous avons formé un couple heureux, libre de faire des activités sans l'autre pour mieux se retrouver.

Une nuit, alors que nous parlions de sa propre société, de mes déceptions et de mon mal-être, il me lance :
– *Tu devrais créer ta boîte.*
– *Mais t'es dingue ?! Je ne ferai jamais comme toi : des heures interminables, des clients sans reconnaissance qui en veulent toujours plus, le souci des factures et du mois prochain, quelle angoisse !*

Sur ces paroles, je me suis endormie...

12
Dingue ou lucide?

Cette nuit-là, j'ai été comme foudroyée! C'est ce que les gens nomment « le déclic ». J'avais un éclair de lucidité, je voyais des portes s'ouvrir devant moi et je devais faire un choix.

- Soit je restais dans ma position de victime, à travailler pour des patrons qui ne me respectaient pas à la hauteur de mon travail, et j'allais continuer à me plaindre chaque jour et à en vouloir à la terre entière, du manque d'humanité et de ce qu'on m'imposait…

- Soit je décidais de reprendre le pouvoir sur ma vie de rebelle au grand cœur, et de travailler avec qui je voulais, quand je voulais et où je voulais, en posant des actions concrètes avec, bien entendu, la conscience que tout ne serait pas facile!

Et au petit matin: **j'ai choisi d'être libre.**

Nous ne pouvons pas contrôler la vie et les circonstances qui nous tombent dessus sans prévenir. Par contre, il y a une chose dont je suis certaine:

Nous pouvons décider de ce que nous allons faire de cette situation désagréable et comment agir au mieux pour soi en respectant les autres.

En revanche à cette époque, je n'aurais jamais imaginé devenir conférencière, et encore moins écrire un livre !
J'ai une véritable problématique avec l'orthographe, c'est d'ailleurs ce qui m'a motivée au quotidien à transmettre mes nombreuses prises de conscience et conseils sur les réseaux, par le biais de la vidéo.
Mais ce livre existe parce que j'ai su m'entourer.

Nous sommes juste notre seule limite... Ouvrons notre conscience et le champ des possibles !

Si aujourd'hui vous avez des peurs, des doutes, ne réfléchissez pas à comment vous allez faire. Montez simplement les marches une à une, chaque chose en son temps. Et si au fond de vous, vous sentez que votre place est ailleurs, je ne peux que vous inviter à trouver le courage de changer les choses en commençant par vos croyances et votre passage à l'action.
Nos pensées donnent une direction à nos actions : quand vous pensez que vous ne pouvez pas entreprendre, effectivement vous ne pouvez pas.
Mais rassurez-vous, nous ne sommes pas tous faits pour être indépendants.
Heureusement, il est possible aussi de s'épanouir en tant que salarié et c'est idéal pour les personnes ayant besoin de sécurité, par exemple. Simplement, posez-vous les bonnes questions pour avoir les bonnes réponses pour votre bien-être.

Rapidement, j'ai réalisé que je devais commencer par croire que c'était possible. Vous aussi, avec la foi que vous pouvez le faire, Dieu, l'Univers ou Celui en qui vous croyez vous présentera les bonnes opportunités. Et la connexion à votre pourquoi profond vous donnera l'énergie nécessaire pour mettre en place les bonnes actions au moment idéal pour vous.
Si vous pensez que vous ne pouvez pas gagner plus de 3 000 euros net mensuel avec votre activité, effectivement vous ne les gagnerez pas.

La femme qui obtient est la femme qui ne doute pas de sa capacité et qui agit dans la foi du possible. Elle ne laisse pas le doute et ses peurs la détourner de ses objectifs.

Ce matin-là, je décidai donc de créer mon entreprise. Je voulais devenir coach de vie !
Je voulais transmettre mon expérience personnelle en tant que femme qui avait un manque d'estime profond et qui, grâce à un long parcours de transformation avec plus de 10 ans de travail personnel, avait à présent l'ambition de devenir conférencière devant des centaines de personnes.
Pour entreprendre, je connaissais le chemin à parcourir, les épreuves, les doutes, et les pépites à mettre en place pour évoluer. Et ça aussi, je voulais le transmettre aux autres.

J'avais un an de chômage devant moi pour me lancer et revenir au minimum à mon salaire de cadre dirigeante.
Si c'est votre cas, j'ai un conseil : n'allez surtout pas penser qu'avoir une année devant vous, c'est large… Car vous avez déjà minimum six mois pour attirer naturellement des

clients sur vos réseaux sans payer de publicité, et commencer à créer une communauté engagée.
Je ne vous parle même pas de toutes les fondations d'un business prospère à créer sur apprendre à s'adresser à votre client idéal, avoir une offre irrésistible, être au point au niveau administratif, le dépôt de marque, et j'en passe !

Ça me fait toujours rire ceux qui arrivent en « mode guerrier la fleur au fusil » : ils semblent ne pas s'inquiéter et ils se réveillent deux mois avant la fin de leur chômage.
Certains m'envoient des messages :
– *SOS Aurélie, je n'ai pas de revenus, pas de clients et j'ai commencé à me rendre visible sur les réseaux il y a quinze jours. Je dois vivre de mon business avec minimum 2000 euros dans deux mois !!!*

En général, ces mêmes personnes ont fait une erreur majeure : ils ont voulu tout faire eux-mêmes. Il faut alors tout reprendre depuis le début…
C'est pourquoi le meilleur conseil que je peux donner est de savoir s'entourer de ceux qui sont déjà passés par là.

Pour ma part, j'ai tout de suite décidé d'attaquer par ma visibilité, car je savais pertinemment que je pourrais créer une offre signature, uniquement en apprenant à connaître ma cliente idéale sur le bout des ongles.
J'ai ouvert ma première page Facebook avec zéro abonné et chaque jour, durant six mois, j'ai donné du contenu de qualité sur mes réseaux en partageant mon savoir, grâce à mes années d'expérience et ma lecture de centaines de livres de développement personnel. Je vous laisse imaginer lorsque j'ai fait mon tout premier live : j'ai appuyé sur « lancer le direct » et là…

Personne, pas une seule vue !
Mais de mon côté, j'avais décidé d'agir comme si... Comme s'il y avait déjà des dizaines de personnes, je donnais toujours mon maximum, car je savais que tout finirait par payer.

Pendant ces nombreux lives, je donnais des conseils en direct en répondant à des problématiques précises pour aider mes abonnées à avancer. Et c'est exactement ce qui confortait tous ceux qui ont commencé à voir à travers mes lives ma capacité à apporter des solutions concrètes, efficaces et durables.
Petit à petit, les semaines passaient et je commençais à créer un lien de confiance et de proximité sur internet. Ce lieu au premier abord froid et distant devenait une sorte de café virtuel, lieu de conversations et de confidences.

En sous-marin, je commençais à travailler mon offre grâce à tous ces échanges avec chaque entrepreneure ou femme de ma communauté sur leurs peurs, les difficultés, leurs rêves, etc. Jusqu'au jour où j'ai annoncé officiellement la sortie de ma première offre d'accompagnement.
Cette sortie fut un succès, vous savez pourquoi ?
Parce que je n'ai justement pas attendu qu'elle soit parfaite avant de la présenter. Je l'ai présentée puis améliorée au fur et à mesure.

Tant que vous ne proposez pas votre nouvelle idée, offre ou projet, vous ne pouvez pas savoir comment elle sera reçue ni comment l'améliorer !

En premier lieu, j'étais donc coach de vie et j'accompagnais les femmes en souffrance sur leur histoire de vie, leur confiance, des viols, des conflits de couple, etc.

Étant une femme sensible, j'étais beaucoup trop affectée et cela réveillait chez moi mes propres souffrances. J'avais le sentiment de côtoyer constamment du négatif, et chaque soir je ressassais les mêmes histoires qui finalement créaient un mal-être dans ma vie…
J'ai alors pris du recul pour **me recentrer et me demander quel était réellement mon « véritable pourquoi »**.

Mon socle était le suivant : aider les femmes à ne plus jamais être dépendantes de quelqu'un et des choix des autres, ni d'un mari, ni d'un patron. J'avais enfin mis le doigt sur la finalité ultime de mon pourquoi : **les rendre indépendantes.**
Puis en prenant le temps d'analyser les femmes qui étaient mes clientes de cœur, je me suis assez vite rendu compte que j'attirais une majorité de femmes entrepreneures. La plupart avaient ce point commun : **elles voulaient être libres.**

La réalité était donc là, sous mes yeux...
Un éclair de lucidité m'a traversé l'esprit et tout est devenu limpide. Ça ne s'explique pas, c'est ce moment où vous sentez au plus profond de vous-même, sans une once de doute, que vous êtes exactement à la bonne place.
Et j'ai su, à cet instant, que j'avais une mission de vie !

Au fond, tout était logique.
J'étais dans les affaires et le business depuis mes 18 ans : manager, directrice puis consultante pour des entreprises en perte de visibilité et de chiffre d'affaires.
Des domaines dans lesquels j'excellais.
Souvent, l'évidence est sous nos yeux, mais cela prend du temps de le comprendre.

Chaque épreuve, réussite, rencontre est une étape nécessaire pour nous faire avancer sur notre chemin de vie.

13

De coach de vie à une mission de vie

Je savais bien que chaque réalisation, petite ou grande, connaît ses périodes de souffrances et de triomphes. Il y a toujours un départ, un combat et une victoire.

Sur ce chemin, je ne voulais pas être consultante pour toutes les femmes entrepreneures. Je sentais que cet aspect général ne me faisait pas vibrer à cent pour cent. Il me manquait une épice, une saveur, ce quelque chose qui fait la différence pour être réellement alignée à ma mission de cœur.
De plus, me spécialiser pour être alignée uniquement à ma zone de génie était la clé pour vibrer du plus profond de mon être avec chaque femme que j'accompagne et c'était le meilleur moyen de sortir de la masse des consultants d'affaires présents sur le marché.

J'ai donc pris la ferme décision d'aider uniquement les professionnels de l'accompagnement « coach, thérapeute, consultante, wedding planner, web designer » qui se reconnaissent dans ma personnalité, qui connectent à mon histoire et mes valeurs. Ma clientèle est d'ailleurs constituée essentiellement de femmes, mais chaque année j'ai environ quatre hommes qui sont très sensibles à mon énergie et que j'accompagne tout de même.

Ma véritable mission est d'aider les femmes qui souhaitent impacter, qui ont une histoire de vie loin des paillettes, pour transmettre leurs épreuves transcendées et contribuer au monde.

Simplement, au lieu de les aider sur leurs souffrances, j'allais me consacrer en priorité à leur business afin qu'elles prennent confiance en elles, en la richesse de leur parcours de vie et la force de leur histoire, pour à leur tour aider d'autres femmes à reprendre le pouvoir sur leur vie.
J'ai créé ma propre signature émotionnelle pour impacter dans la foi du possible des millions de personnes dans le monde.

J'ai donc attendu vingt jobs et trente et un ans pour enfin me connecter à ma véritable mission de vie.

Quelle est cette mission ?

Je suis née pour impacter ainsi que booster les femmes à prendre leur place et devenir indépendantes financièrement mais aussi épanouies en tant que femmes. Avec tout ce que j'avais traversé, j'étais devenue inarrêtable avec une foi inébranlable, car je savais dans mon cœur qu'il existe Plus Grand pour me guider.

Qui de mieux qu'une personne ayant traversé et transcendé une souffrance pour comprendre et accompagner une autre à traverser cette souffrance ?
Aucun diplôme, aucun titre, ni aucun livre de développement personnel ne peut être à la hauteur d'une expérience de vie.
Alors ne doutez jamais de votre capacité. Votre histoire vous a permis de développer un super pouvoir. Il est là, juste sous vos yeux, et vous méritez de rayonner et de transmettre au monde ce trésor que vous détenez.

À partir de ce constat, je suis allée puiser dans la vie de mes clientes : leur parcours, leur identité, leurs valeurs, leurs réussites et surtout, aller chercher avec elles leur essence profonde, leurs pépites, encore appelées zones de génie, leurs dons, leurs talents. Aujourd'hui, voici la promesse de mon offre :

Cessez de courir après des clients au compte-goutte, avec la peur au ventre du mois prochain ; créez des revenus stables avec une méthode testée et approuvée, accélératrice de réussite et de liberté.

Vendre de l'automatisation intégrale ou choisir le relationnel et mettre l'humain au centre de mon accompagnement ?

Le choix était vite vu.
Durant plusieurs mois, j'ai cherché à connaître sur le bout des ongles ma cliente idéale. J'ai suivi des forums d'entrepreneurs, analysé des centaines de sondages, écouté des

entrepreneurs sur leurs problématiques, leurs souffrances, leurs ambitions, et je prenais le temps de discuter avec chacun d'entre eux. Puis je regardais ce qui se passait sur le marché et j'avais un problème d'éthique.
Je ne me voyais pas vendre des bouts d'accompagnement avec de fausses promesses, du genre :

« Grâce à moi, vous allez passer de 0 à 10 000 euros en deux mois, assis sur un transat au bord de la plage, en train de siroter un mojito ».

D'après moi, pour réussir, il faut une méthode complète et exacte pour se différencier et magnétiser des clients avec aisance sans être une vendeuse.
Je ne pouvais pas me résoudre à proposer des formations de demi-mesure, uniquement sur « le pourquoi profond » ou « l'identification du client de cœur ».
Parce qu'il est évident qu'il faut ensuite :

- créer un pitch impactant,
- élaborer une offre signature,
- augmenter sa visibilité en ligne,
- progresser dans l'apprentissage des lives,
- des conférences et de l'écriture de mails...

À quoi bon aider les gens à avoir une offre du feu de Dieu, si personne ne la voit ?

C'est une chaîne de réussite obligatoire, dans laquelle chaque maillon est important, sinon votre business fait exactement la même chose qu'un vélo : il déraille !

Voilà pourquoi je crois profondément aux solutions complètes de transformation pour amener les entrepreneur(e)s aux objectifs fixés.
Dans ma méthodologie, je transmets donc un plan de route étape par étape et j'accompagne main dans la main mes clientes. Il était hors de question pour moi de créer un accompagnement comme un puzzle auquel il manquerait des pièces.

Bien évidemment, quand la promesse et le travail sont profonds, les tarifs doivent être en cohérence, mais ça me torturait... Beaucoup de coachs me conseillaient :
– *Mais t'es bête, tu as une mine d'or ! Pourquoi tu n'automatises pas ?! Les clients se débrouillent, après ce n'est pas ton problème !*

Il me fallait trouver un compromis dans mes tarifs pour qu'un plus grand nombre de personnes accède à mes services, sans que je me transforme en « sauveuse » et sans diluer ma promesse.

Puis j'ai réalisé que j'étais en train de décider à la place de mes clientes qu'elles devaient acheter l'ensemble, alors qu'au fond la première marche leur suffisait peut-être. Je prenais encore la responsabilité de leur résultat alors que ce n'était pas mon rôle. J'ai donc décidé de procéder autrement :

Proposer un accompagnement plus abordable pour travailler les fondations ainsi que les éléments essentiels de la pérennité et du succès d'une entreprise (c'est-à-dire le mindset, le pourquoi profond, le client idéal, l'offre signature, et le pitch qui impacte), en précisant bien que la cliente était libre par la suite d'investir ou non dans la mise en place de sa visibilité en ligne.

Après tout, peut-être que certaines clientes ont déjà investi dans les fondations auprès d'un autre coach ?
Dans ce cas, je peux les aider pour la seconde marche de l'escalier, avec la bonne communication (mise en valeur des réseaux sociaux, apprendre à faire des lives qui impactent, création d'une bonne conférence en ligne qui génère des ventes, etc.).

Vous devez sûrement vous dire « Aurélie, toute cette prise de tête pour ça !! ».

Aujourd'hui, cela me semble aussi une évidence, mais j'ai passé une année à me tordre le ventre pour rester en accord avec mes valeurs et ce que je vends. Je crois profondément en la transformation et non à la formation basique ou encore moins à l'information que vous pouvez trouver facilement sur internet.
Seule, face à des doutes, des questionnements, des peurs, une cliente ne peut pas obtenir les mêmes résultats que lorsqu'elle est en contact direct avec moi. Je sais avec toutes mes années d'expérience exactement sur quels leviers appuyer pour créer la différence et le succès.

Je suis donc intransigeante concernant l'automatisation à cent pour cent : « Cliquez, achetez et démerdez-vous avec la vidéo », c'est ce que me proposait de faire beaucoup d'autres professionnels, qui certes palpent le million, mais à quel prix ?

– Aurélie, automatise tout et comme ça, tu n'as qu'à encaisser pendant que tu voyages !

Impossible, inconcevable ! À l'heure où j'écris ces lignes, je mets un point d'honneur à avoir au minimum une rencontre en tête à tête par visioconférence avec ma cliente.
J'ai besoin de valider point par point son travail, pour être certaine qu'elle reparte avec les bonnes informations, les bons outils et pour avoir l'occasion de répondre à toutes ses questions et ses doutes qui pourraient subsister malgré la formation.
Je veux que mes clientes repartent confiantes et sereines dans leur travail. Surtout, je pense que c'est le meilleur moyen qu'elles deviennent naturellement ambassadrices avec l'envie de recommander mes services à leurs amies et de réinvestir dans de futurs accompagnements.

Pour effectuer cette avancée, j'ai dû accepter de me remettre en question et de laisser mon ego de côté.
Eh non, personne n'a la science infuse !
Et pire, comme l'expression le dit « C'est souvent le cordonnier le plus mal chaussé ».

Pour continuer de progresser, je prends de la hauteur et je réalise un gros bilan sur la situation de ma société tous les six mois. Ainsi, je vois comment améliorer mes services pour satisfaire plus de personnes.
Je demande des retours clients à la fin de chaque accompagnement, en prenant chacune des remarques de manière constructive.
Je m'entoure d'entrepreneurs à succès pour ouvrir mes œillères, voir ce qui fonctionne tout en restant alerte au changement.

Enfin, je travaille mon état d'esprit et ma confiance au quotidien, pour ne pas me laisser envahir par le doute ou la peur. D'ailleurs, je fonce à la moindre opportunité qui correspond à mes valeurs, car personne ne peut m'affirmer que cette occasion se représentera à nouveau.

Finalement, forte de mon histoire et de mon parcours, je suis convaincue d'une chose :

> ***La réussite ne se mesure pas à l'argent, ni à la belle maison, ni à une histoire d'amour à l'eau de rose… Votre réussite se mesure à votre capacité à transformer la vie des gens, en commençant par vous !***

Bonus

Mon message aux femmes victimes de violences

Selon l'Observatoire national des violences conjugales

En moyenne, 223 000 femmes âgées de 18 à 75 ans seraient victimes chaque année de violences conjugales graves. Cependant, les violences faites aux femmes ne se limitent pas aux seules violences conjugales et peuvent revêtir différentes formes : harcèlement ou violences sexuelles, violences conjugales physiques ou psychologiques, mariage forcé, mutilations, etc.

En 2017, **130 femmes ont été tuées** par leur partenaire ou ex-partenaire, **21 hommes, 25 enfants mineurs** sont décédés, tués par un de leurs parents dans un contexte de violences au sein du couple. Ne le prenons pas à la légère : des hommes aussi sont victimes de violences psychologiques, verbales, physiques, sexuelles et de harcèlement.

Voici 15 ans que j'ai traversé avec ma mère l'enfer de la

violence conjugale. Cette femme forte et courageuse a dû survivre en osant quitter son mari violent après 23 ans de vie commune et sans un sou en poche.
Elle n'a pas bénéficié de la protection des forces de l'ordre, car les lois étaient et sont encore trop laxistes sur le sujet. Aujourd'hui encore, les nombreuses femmes que je rencontre et avec qui j'évoque les violences conjugales ont toutes le même discours en 2020 : rien n'a changé, le système ne protège pas les victimes.

J'ai une grande colère contre les lois, contre ceux qui nous gouvernent et qui pourraient agir différemment.
Parlons chiffres : on estime que 13 femmes sont décédées chaque mois sous les coups de leur conjoint en 2019.

Le récit des femmes victimes de violences conjugales

Voici ce dont elles témoignent :
Nous en avons marre d'entendre « En même temps, elle n'avait qu'à le quitter », « Pourquoi tu ne l'as pas quitté plus tôt ? ».

Mais merde ! Elles ont honte, peur, sont menacées de mort et sont souvent des femmes que l'on a isolées petit à petit, avec une estime personnelle si basse qu'elles finissent par penser ne mériter que ça !

Arrêtons de juger.
Nous pensons que nous agirions de telle ou telle façon… Mais face à la réalité, même la personne la plus confiante de la terre peut se sentir désarçonnée. N'oublions pas que

la plupart des personnes violentes excellent également dans l'art de la manipulation.

Parlons de justice

En 2020, en France, c'est la personne battue que l'on met dehors en lui disant que c'est pour sa sécurité. Alors, OK, acceptons que les choses soient ainsi... mais dehors, où ?

Est-ce qu'une seule personne se charge d'aider à prendre les affaires et de reloger ? Non, la rue vous attend si vous n'avez pas de famille ou trop honte pour que ça se sache.

Quand arrêterons-nous de laisser des femmes aux mains de leurs bourreaux ?

Elles témoignent toutes de leur dépôt de plainte au commissariat où on les prend de haut, allant parfois jusqu'à refuser leur plainte. Elles sont parfois obligées de menacer d'appeler son supérieur pour que le policier daigne prendre sa plainte. Cela ne dérange pas certains policiers de renvoyer des femmes seules chez elles malgré les atrocités qu'elles subissent.

Dernièrement, j'écoutais l'histoire d'une de ces nombreuses victimes qui expliquait son combat pour porter plainte, jusqu'à être jugée par des femmes qui, en tant que représentantes de la justice, ne manifestaient aucune compassion.

À la suite de nombreuses plaintes, cette femme qui témoigne a dû retourner chez elle le temps de trouver une solution d'hébergement. Jusqu'au jour d'une plainte de trop où le policier a annoncé :

– *Madame, nous allons venir chercher vos enfants et vos affaires à votre domicile.*

– *Merci, enfin !*

– *Mais il est comment votre mari en carrure ?*

– *C'est un ancien boxeur…*

– *Ah, d'accord. Je vais appeler du renfort !*

– *Donc vous venez à 10 policiers armés, mais hier vous me disiez d'y retourner seule ? Ça ne semblait pas vous déranger de m'envoyer prendre des coups de ceinture et des brûlures de cigarette devant mes enfants…*

– *Laissez-nous faire notre travail.*

Je pose la question : est-ce cela la justice ?

Parlons des enfants

Qu'en est-il des enfants totalement perturbés, à qui on fait quitter le foyer en pleine nuit ?

Ces enfants deviennent des adultes qui n'auront pas forcément le réflexe de s'entourer de professionnels pour travailler leur rapport à la violence, l'alcool, la dépendance affective, la manipulation ou encore leur vision du couple et de la famille. Au pire, ils reproduiront des schémas. Au mieux, ils mettront une décennie, si ce n'est toute une vie, à se reconstruire.

Et concernant l'autorité parentale, imaginez-vous être contraint d'envoyer votre enfant chez votre conjoint violent, sous prétexte qu'il a la garde un week-end sur deux ?

Parlons législation

La nouvelle loi de 2019 annonçait une mise en place d'une mesure d'éloignement pour éviter aux conjoints violents d'approcher leur victime.
Mais soyons sérieux ! C'est comme combattre le terrorisme avec du scotch dans les trains pour éviter que les gens ne posent leurs valises. Depuis quand un papier empêche-t-il la violence d'un mec qui ne se maîtrise ni par morale, ni par éducation, ni par bon sens ?
Les violences conjugales n'ont pas de frontières. Une mesure d'éloignement n'est pas plus utile qu'une frontière pour le nuage d'Hiroshima...

Bien que ce dispositif n'ait jamais été testé en France, la mise en place d'un bracelet avait été envisagée, dans le cadre d'une ordonnance de protection, mais sous réserve du consentement du conjoint violent !

Un constat amer en sept points

1. Les victimes ne sont pas toujours prises au sérieux lors du dépôt de plainte.

2. Les victimes sont encouragées à quitter leur domicile et se retrouvent souvent à la rue, sans ressources, avec leurs enfants.

3. Les victimes de harcèlement ne sont pas protégées (« Madame, tant qu'il ne vous agresse pas, il a le droit de vous envoyer des messages, de vous contacter, et de passer dans votre rue »).

4. Les victimes vivent dans la peur et l'insécurité constantes sachant qu'elles peuvent mourir à tout moment sous les coups, un soir de folie.

5. Les victimes qui survivent, souffrent toute leur vie et n'ont pas forcément les moyens de se reconstruire.

6. Les pervers manipulateurs violents conservent le domicile, leur travail et agissent en toute impunité en violentant de nouvelles victimes.

7. Au niveau du pénal, les affaires sont souvent jugées entre 5 et 10 ans après les faits. Cela laisse le temps aux personnes violentes de faire de nouvelles victimes ou de continuer à menacer voire tuer leur ex compagne...

Quand protégerons-nous les plus faibles ?

Personnellement, je n'ai pas vocation à faire changer ou appliquer les lois. En revanche, nous pouvons tous agir à divers niveaux en nous souvenant qu'une personne qui dépasse la limite en frappant une fois recommencera.
Aucune excuse, parole ou acte ne peut justifier un coup. Soyons vigilants, veillons sur les personnes qui nous entourent, observons les comportements, les changements, et prenons le temps de nous intéresser aux autres, de détecter les signes de violences psychologiques ou mentales.

Et surtout: gagnons de l'argent pour devenir des femmes influentes, en mesure de créer des centres d'hébergement et des aides pour les victimes de violences.

2

Bienvenue foi du possible!

***D**ire que c'est « impossible » veut simplement dire que vous n'avez pas trouvé la solution pour le moment. Respirez profondément et écoutez votre petite voix intérieure : pas celle qui joue les fouteurs de troubles, comme un petit diablotin sur votre épaule, mais celle qui croit profondément en vous.*

L'objectif de cette seconde partie est de vous donner les outils pour augmenter votre foi du possible !

1
De madame Parfaite à madame « bouge-toi l'abricot » !

Définition de la peur

Rhaaaa la peur...
C'est reconnu que « *La peur tue mille fois plus de rêves que l'échec* ».

Ce sentiment d'angoisse éprouvé en présence ou simplement à la pensée d'un danger, réel ou supposé, qui pousse à fuir ou à éviter la situation.

La peur qui arrive très vite quand on souhaite se lancer dans l'entrepreneuriat avec le web est celle du ridicule et du « qu'en dira-t-on ». On craint de vivre une situation dangereuse, pénible ou regrettable. On a peur du jugement et on tente de s'adapter aux attentes, aux réactions et au regard des autres...

En réalité, il s'agit d'une émotion qui vous avertit d'un ÉVENTUEL danger.

Mais dans les faits : combien de ces peurs supposées se réalisent ?

Trop souvent, les gens se laissent diriger par elle, ce qui les empêche de passer à l'action et les conduit au sentiment d'échec. Et s'il était possible de faire sauter les verrous de la peur?

Trois clés essentielles pour faire sauter les verrous de la peur

1. D'abord, la peur doit être reconnue et nommée : plus vous la refoulez, plus elle s'amplifie !

Questionnez-vous :

- De quoi ai-je peur au fond de moi ?
- Quel est d'après moi le scénario catastrophe qui pourrait arriver ?

2. Ensuite, **acceptez cette peur.**
Ne luttez pas, accueillez-la comme une invitée de marque. Vous pouvez même lui donner un petit nom et l'imaginer.

3. Enfin, **choisissez une action.**
Agir est la meilleure façon de vous prouver que la majeure partie du temps, vos peurs sont infondées.

Questionnez-vous :

- Quels sont les risques si j'agis ?
- Quelle est la récompense et quels sont les éléments positifs que je vais obtenir en passant à l'action ?

Moi aussi, j'ai eu des peurs, des doutes et je vous rassure, tout ça est humain. Mais j'ai appris à les laisser de côté.
Le jour où j'ai compris l'importance des pensées et l'incidence de mes croyances sur mes résultats, j'ai pris la ferme décision de ne plus agir dans la peur, mais dans la foi.

Une peur ne nous définit pas, le courage si !

Connectez-vous chaque jour à votre puissance intérieure

Hum… se connecter à sa puissance intérieure, c'est un bon programme, mais on fait comment ? Eh bien, on agit comme si tout était possible.
Vous savez, tout est une question d'entraînement !

▶ **L'exercice 1 commence ainsi :**

- Je m'isole dans un lieu cocooning
- Je ferme les yeux
- J'imagine dans le moindre détail cette situation
- J'imagine que j'agis et que tout se passe merveilleusement bien, comme dans le meilleur des mondes
- Je prononce des paroles encourageantes, positives
- Je me projette dans cette vision idéale
- Je souris, je ressens une immense joie, saupoudrée d'une pleine gratitude
- J'ouvre les yeux, pleine de confiance
- Et j'agis pour de vrai !

Au début, je passais une journée à ruminer sur une situation. Puis au fur et à mesure que je m'entraînais à stopper ce cercle vicieux des pensées négatives, j'ai réduit le temps dont j'ai besoin pour passer à l'action.

Vous aussi vous allez réussir à inverser la tendance. Au début, vous passerez une journée entière à stopper votre satanée « ruminologie » aiguë...
Puis il ne vous faudra plus que quatre heures, puis une heure...
Et enfin, vous arriverez à transformer vos peurs en puissance intérieure en seulement quelques minutes.

▶ **Pour l'exercice 2, vous allez vous confronter et dépasser vos peurs : il est venu le temps du face à face :**

- Prenez le temps de **lister vos peurs** par écrit
- Utilisez un code couleur pour les **peurs fondées** d'une part, et les **peurs imaginaires** d'autre part
- **Sélectionnez** : est-ce que ces peurs que je ressens actuellement sont fondées ou sont-elles le fruit de mon imagination ?
- Cessez de vous poser des questions ! Eh oui, à ce stade, vous pensez « Est-ce que je dois ? Est-ce que je peux ? » **Oui, oui et oui, foncez !** En une fraction de seconde, calmez votre mental envahissant en passant à l'action.

Je vous propose un deal

Dorénavant, vous allez choisir le passage à l'action plutôt que de vous rendre malade avec une « perfectionnite » aiguë. Oui je sais, ce mot n'existe pas, mais il me parle. J'étais comme ça à mes débuts, à vouloir toujours donner le meilleur.
Par exemple, mettre trois heures à écrire un post, recommencer dix fois à tourner une vidéo, pour être certaine que tout soit parfait...

Ne vous laissez pas diriger par les « il faut » :

- Il faut que j'aie un beau site et une belle carte de visite.
- Il faut que je sois professionnelle.
- Il faut que ton offre soit parfaitement finie avant d'en parler.
- Il faut que je ne fasse pas d'erreurs pour éviter le jugement des autres.

Et si on faisait enfin péter ces vieilles taulardes de barrières limitantes ?!

Demandez-vous plutôt : quel message je veux transmettre du plus profond de mes tripes ?

Prenons un exemple : vous devez sauter à l'élastique. Aïe, je vous imagine déjà vous décomposer littéralement à la lecture de cette phrase... Voilà exactement ce que l'on veut éviter : trop réfléchir et imaginer le scénario catastrophe.

Vaut-il mieux compter jusqu'à trois et sauter ?
Ou commencer à se demander si l'élastique est assez long, assez solide et assez sécurisé ?

La ruminologie des pensées vient de démarrer et donc, bloquée par vos peurs, vous ne sauterez pas, sauf si le moniteur finit par vous pousser avec votre accord.
C'est cela le rôle d'une accompagnante : vos clientes ont peur, mais vous les poussez à sortir de leur zone de confort.

Je vais vous faire une révélation :

Vous ne vous sentirez JAMAIS prête.

Pire, si vous laissez vos peurs vous paralyser, vous courez à votre perte.
C'est le fameux « J'ai peur de ne pas réussir donc je ne propose pas mes services ».

Là c'est sûr, PERSONNE ne les achètera.
Il n'y a pas une erreur dans l'énoncé ? Le combat n'est-il pas perdu d'avance ?

Il n'y a que dans l'action que vous pouvez réellement voir ce dont vous êtes capable et faites-moi confiance, **vous êtes capable de beaucoup plus que vous ne l'imaginez.**

Malheureusement, le temps passe, vous vous donnez corps et âme en sous-marin en attendant que tout soit parfait...

Et vos concurrents eux ?

Ils osent et vendent leurs services à VOS clients.
Aïe, cette réalité fait mal...

▶ **Exercice 3 : c'est décidé je passe à l'action :**

Chaque fois que vous imaginez votre vie comme un roman de Spielberg des temps modernes avec un scénario catastrophe, remplacez vite ces croyances limitantes en pensées positives.

Vos rêves doivent être plus grands que vos peurs ! Sinon vous ne profitez pas de la magie de la vie. Alors, faites-nous sauter ces blocages que vous vous imposez et qui vous limitent dans votre vie personnelle comme professionnelle.

Demandez-vous :

- Quel sera le prix à payer si je n'avance pas dans la concrétisation de ce qui me fait vibrer ?

- Quelles seront les conséquences du point de vue financier, familial et émotionnel ?

- Combien de temps suis-je prête à perdre, avant d'atteindre le bonheur ?

- Qu'est-ce que je prévois comme action pour changer les choses cette année ?

Stop aux scénarios catastrophes !

***S**'inquiéter n'éloigne pas les inquiétudes de demain mais éloigne considérablement la paix d'aujourd'hui, voilà donc une bonne raison de dompter vos peurs !*

Votre cerveau est fait pour vous garder en sécurité. Il vous protège de tout ce qui peut lui paraître douloureux, peu importe les conséquences. Si vous écoutez ces excuses qu'il crée spécialement pour vous, votre accomplissement en sera retardé, voire n'arrivera pas...
Il faut juste comprendre qu'il est excessivement doué pour vous faire croire que vous ne pouvez pas, que vous n'êtes pas capable.

C'est derrière la douleur que se cache la réussite.
Après l'orage foudroyant vient le soleil, puis un bel arc-en-ciel.

Oserez-vous vous dépasser pour atteindre le soleil et l'arc-en-ciel ? Ou resterez-vous dans l'orage grondant ?

J'ai tellement entendu ces croyances :

- De toute façon, je ne pourrai jamais vivre de mon activité.
- Il y a déjà trop de concurrence, pourquoi est-ce que l'on me choisirait moi ?
- Je n'ai pas besoin d'investir, je vais bien trouver tout ce dont j'ai besoin sur internet, je vais me débrouiller seule.

- Les autres ont déjà tout dit. Je ne sais pas si ce que je veux transmettre est intéressant.

- Je débute dans la proposition d'un nouvel accompagnement, mais ne me sens pas assez légitime.

Tout ceci vient de notre cerveau qui sait exactement où appuyer pour nous faire rester dans notre zone de confort, en projetant nos peurs sur des choses qui n'existent pas. Stop ! La vie, ce n'est pas un scénario catastrophe qui annonce la fin du monde !

Un jour lors d'une de mes formations, j'ai eu cette conversation avec une entrepreneure :

– Je ne souhaite absolument pas faire de lives à cause des haters.
– Des haters ? C'est-à-dire ?
– Oui, quand je vois des influenceurs avec leur million d'abonnés qui se font critiquer, incendier sur les réseaux, je trouve ça horrible. Je veux éviter ça à tout prix.
– Rappelle-moi, tu as déjà fait des vidéos ou des lives ?
– Non.
– Tu as combien d'abonnés sur tes réseaux à l'heure actuelle ?
– Environ une centaine.
– Ah d'accord, on est tout de même assez loin du million d'abonnés et de la notoriété de ces influenceurs pour le moment ? Qu'en penses-tu ?

Tout le monde a éclaté de rire, elle également. J'ai ajouté :
– Vous avez compris, je pense, vous avez bien le temps de vous frotter à ce type de déconvenue. Ne vous projetez pas dans des scénarios cata !

Apprenez donc à dompter vos peurs en discernant le réel et l'imaginaire. Et si besoin, dites « Spielberg, sors de ce corps ! »

Si vous restez concentrée dans vos pensées et votre énergie sur l'incertitude, les peurs, le manque, le stress, vous allez automatiquement attirer à vous ce que vous craignez le plus. Pire, vous allez procrastiner... ce qui va vous mener à votre propre ruine.

Donc ce n'est pas « la faute à pas de chance », c'est un manque de passage à l'action.

J'ai pris une gifle...

Comme le souligne Albert Camus : être différente n'est ni bon ni mauvais... Il s'agit simplement d'avoir le courage d'oser être soi et de faire preuve d'authenticité !

Ce n'est pas vouloir plaire à tout le monde, c'est reconnaître ses parts d'ombre et de lumière : on dit ce que l'on pense, on agit selon nos ressentis.

Nous ne serons jamais appréciées par tous et heureusement : sinon on se battrait toutes pour les mêmes amies, les mêmes hommes, les mêmes jobs… au secours !

Prenons l'exemple de Cyril Hanouna.

J'adore sa personnalité, je pourrais le regarder tous les jours et je me suis même déjà imaginée chroniqueuse sur son plateau. Il est drôle, sa folie n'a pas de limites et il rit de ses propres blagues. C'est tout moi ça ! Il est atypique et tranchant : soit on l'aime, soit on le déteste.
Pourquoi pensez-vous qu'on parle autant de lui ? Qu'on lance de fausses rumeurs à son sujet ? Pour faire vendre.
Pourquoi les autres chaînes s'acharnent-elles sur son personnage ? Et pourquoi a-t-il autant d'audience ?

Il fait le buzz et pourtant il ne fait pas l'unanimité.

Je ne vous vends pas son extravagance, en mode casse-tout, ou crie le plus fort pour réussir ! Je pense qu'on peut être discrète, douce et faire passer un message fort en osant affirmer clairement ses positions et ses idées.

Vous n'êtes pas authentique en voulant répondre aux normes, loin de là, elles vous enferment et vous brident.

Je vais vous parler de madame Parfaite.

À mes débuts, j'ai décidé d'ouvrir une chaîne YouTube pour tourner des vidéos conseils sur des sujets divers (business, confiance en soi, gestion des émotions...) pour augmenter ma communauté.

J'étais lisse et insipide, bref madame Parfaite ! Je voulais plaire mais surtout ne pas déranger.

Je répondais à toutes les demandes sans exception. Je devais donc apprendre toujours plus pour donner plus. Mais en réalité, on ne peut pas être bonne partout, il faut trouver un domaine d'excellence.

Je me conformais aux diktats de la société. Je mettais cinq jours pour réaliser une vidéo en me martelant la tête de croyances :

- il faut être professionnelle,
- avoir un vocabulaire élaboré.

Et la petite voix dans ma tête était en mode : « *Ben oui Aurélie, tu propulses le business des entrepreneurs donc tu dois être parfaite, irréprochable. Tiens-toi droite, baisse ton timbre de voix pour paraître plus douce et sympathique* ».

Mais quelle supercherie !! Au bout de quelques vidéos sur ma chaîne, mes amies m'ont contactée pour me féliciter de mes avancées, mais surtout pour me transmettre un message qui allait me changer et donner un virage à 180 degrés à mon business :
– *Aurélie, on ne te reconnaît pas…*

Et là, c'est la gifle ! J'essayais de me fondre dans la masse des consultants business, en pensant que ce qui fonctionnait pour les autres devait fonctionner pour moi. Dès lors, je me suis recentrée pleinement sur celle que je suis : cash, généreuse, battante, sensible, intuitive.
J'aime faire passer des messages en étant plus « harissa » que « miel ». Car soyons honnêtes, une bonne prise de conscience courte et impactante permet de voir la réalité en face.

Mantra puissant

J'ai créé un mantra que je me répétais plusieurs fois par jour à une époque. Aujourd'hui j'en ai créé de nouveaux :

> ***On m'aime pour ce que je suis, car je suis parfaite telle que je suis. En osant m'affirmer pleinement dans toutes mes facettes, sombres et lumineuses, j'attire à moi des hommes et des femmes, en parfaite résonance à mon ÊTRE PROFOND.***

Et vous, quel est votre mantra ?

....

....

....

....

....

....

....

Grâce à cet exercice, j'ai vécu une réelle transformation : c'était décidé, fini le mi-figue, mi-raisin. Terminé d'être une autre personne pour espérer plaire à un maximum de personnes. En restant moi, j'attire des entrepreneures qui résonnent avec mes valeurs, mon énergie, ma singularité et mon authenticité.

Passons désormais au revers de la médaille.

Pendant les semaines qui ont suivi, je perdais régulièrement des abonnées, comme des feuilles mortes en automne. Mais quel kiff!

Là vous vous dites que je suis dingue!?!

L'histoire de Lætitia

Laissez-moi vous raconter l'histoire de Lætitia. Alors thérapeute depuis deux ans, elle m'a contactée, car elle s'épuisait à courir après ses clients un à un et se sentait frustrée de ne pas vivre de son activité.
Elle avait 2 000 abonnés, obtenus à la sueur de son front, en étant au four et au moulin, en s'épuisant dans cette course effrénée au nouveau client et surtout aux likes.
Mais c'était SA GRANDE fierté. En revanche, elle gagnait 570 euros en moyenne par mois...

Nous avons commencé notre travail sur sa spécialité. Pour que sa communication soit authentique et impactante, nous avons insisté sur sa différence et affirmé son positionnement:

« Finie la communication lisse et généraliste pour plaire à tout le monde ». Nous avons ensuite envoyé une magnifique lettre à ses abonnés pour expliquer tout cela.

Quelques jours plus tard, elle m'appelle, catastrophée:
– Aurélie, je ne sais plus quoi faire, j'ai eu plusieurs désabonnements à ma newsletter, aide-moi! Je dois faire quoi? Refaire un mail? Proposer des promotions pour les faire rester?

– Sors le champagne! lui ai-je répondu d'un ton joyeux et euphorique.
– Quoi? me dit-elle stupéfaite, non mais tu plaisantes?
– Non, c'est la plus belle chose qui pouvait t'arriver. Tu n'as plus le cul entre deux chaises, entre ceux qui te suivent mais qui n'ont jamais investi un centime dans tes services et ceux qui ne se reconnaissent pas dans tes valeurs et ne seront par conséquent jamais tes clients.

Bravo!!! Tu es enfin toi dans toute ton unicité!

Je suis certaine qu'à cet instant précis, elle me détestait, mais je savais qu'avec le temps, elle comprendrait d'elle-même le magnifique cadeau qu'elle venait de s'offrir en osant être elle et prendre sa place.

Le mois suivant, elle réalisait 3700 euros de vente sur son premier webinaire en ligne.

Je vous laisse en déduire le bénéfice (et le soulagement!) de se positionner clairement. Elle avait désormais la clarté donc elle reprenait confiance en son potentiel et osait enfin transmettre son message avec fierté.

J'en profite pour vous raconter une anecdote dont je parle souvent sur scène tellement elle m'a percutée.

À la fin d'une de mes conférences devant plus de 300 femmes entrepreneures, alors qu'on me remercie, me prend en photo et que dans la joie et le partage, tout un groupe s'agglutine autour de moi, une femme sort soudain de la foule et me lance d'un ton sec en me pointant du doigt:
– Alors toi, on m'avait dit que tu étais une vraie connasse...

Waouh… Arrêt sur image comme dans le film, ralenti sur la foule choquée, le regard braqué sur moi, en attente de ma réaction :

– *Ravie de cette approche ! Dis-moi tout, dis-je avec un grand sourire, sûre de moi, car j'avais déjà compris son mode de contact.*

– *J'ai une amie qui te suit depuis deux ans sur les réseaux et quand elle a su que je venais te voir en vrai, elle était tout excitée, envieuse et m'a dit :*

– *« Tu vas voir, cette fille est une vraie connasse, soit tu l'aimes, soit tu la détestes, elle est cash, elle est rentre-dedans, mais j'aime ce franc-parler. » Eh bien, je valide : tu es une connasse que j'aime !*

– *Ohhh, c'est tellement chou !*

Et toutes les participantes ont repris vie en éclatant de rire.

Ce jour-là, je me suis dit : « Ma fille, tu as tout compris, reste qui tu es et on t'aimera pour ce que tu es. Et *ciao* à ceux qui préfèrent la guimauve, être caressés dans le sens du poil et croire les fausses promesses ! »

Transformez vos croyances

Tout le monde n'en a pas conscience, mais tous les adultes gardent en mémoire des croyances ancrées de génération en génération, qui les poursuivent comme leur ombre en période de canicule.

Par exemple, il y a cette croyance que, pour être aimée et ne surtout pas déranger, il faut ressembler à une petite fille modèle, lisse et sage, aux collants blancs et aux souliers vernis, qui obéit au doigt et à l'œil.

Et si, ensemble, on allait déconstruire ces chaînes ancestrales ?

J'aimerais vous proposer un exercice pour transformer vos croyances limitantes.

Prenez vos pensées négatives, croyances limitantes les plus récurrentes et transformez-les dans votre cœur, dans votre tête à haute voix pour que votre conscient, votre inconscient et votre corps entendent votre volonté de fermer ce chapitre négatif et de le remplacer par du positif.

Mettons un bon coup de désherbant pour débroussailler tout ça en déconstruisant une à une chaque pensée négative.

Imaginez que votre mental est un jardin d'Eden, un lieu *cocooning* et qu'il ne dépend que de vous de l'entretenir avec de belles pensées positives créatrices de lumière.
Maintenant que vous l'avez rempli de magnifiques fleurs, à l'odeur sucrée de monoï, que des papillons de couleurs vives volent autour de vous, vous vous sentez sereine.

Chaque soir avant de vous endormir, visualisez avec précision vos projets, vos ambitions et votre futur idéal : un avenir sans limites.

Bien sûr, il m'a fallu des années pour sortir de mes pensées noires de colère si profondément ancrées dans mon corps, avec mon mental envahissant qui tournait sans cesse en boucle.

Mais vous pouvez remplacer une croyance qui vous limite, par une autre qui vous ouvre la perspective que tout est possible.

Par exemple, vous pouvez dire ceci :

Aujourd'hui, je choisis d'être une femme indépendante ainsi que libre et d'être une véritable badass assumée !

Ensuite, comportez-vous en cohérence avec vos nouvelles croyances. Et petit à petit, cela deviendra votre réalité.

Osez la vulnérabilité

Pendant longtemps, j'ai assimilé la vulnérabilité à de la faiblesse. Il faut savoir que suis une éponge, empathique et sensible, un vrai Kinder Surprise, dur à l'extérieur, et tendre à l'intérieur. Comme quoi les apparences sont trompeuses...
Je suis extrêmement perméable aux émotions des autres, j'ai une capacité innée à sentir les souhaits, désirs et pensées de ceux qui m'entourent.

L'un ne va pas sans l'autre, je suis également dotée d'une sensibilité débordante. Je fonds en larmes devant des films ou des émissions qui évoquent des souffrances de vie, une rupture, un décès, une tristesse profonde et même des moments de bonheur intense.

Toutes ces émotions me transpercent le cœur. Souvenez-vous de mon déclic au moment de ma séparation avec Anthony...

Je pleurais sans cesse, je ne comprenais pas pourquoi, c'était

anormal pour moi qui avais un caractère si dur. Alors, je me faisais des reproches, je n'acceptais pas cette part de moi, sensible et émotive :
– *Roooh, mais c'est bon, tu vas pas pleurer comme une madeleine toutes les trente secondes, ressaisis-toi, tu es forte !*

Pour ne rien arranger, mon entourage ajoutait :
– *C'est bon Aurélie, arrête de chouiner ! Ce n'est qu'un film, c'est pas la vraie vie, tu sais.*
– *Ce n'est pas ton histoire, tu ne les connais pas ces gens...*
– *Non, mais n'importe quoi, t'es grave, toi !*

Je me renfermais, en guerre contre moi-même à cause de ces réactions débordantes et incontrôlables.

Et puis un jour, lors d'une discussion anodine dans un événement d'entrepreneur, j'en ai parlé à une femme thérapeute qui m'a délivrée de ce poids que je portais depuis des années :
– *Aurélie, ta sensibilité est un cadeau !*
– *Comment ça, un cadeau ? La honte, tu veux dire ! J'ai envie de pleurer quand une cliente m'exprime sa gratitude, ou quand elle m'envoie un client de plus. Je pleure au cinéma, j'ai envie de pleurer quand j'aide des femmes avec leurs souffrances de vie... Cadeau, tu dis ?*
– *Oui, car tu es un roc, puissant, renforcé par la vie. Tu es exigeante envers toi et les autres en te donnant pour mission de les aider à être indépendants, alors si tu n'avais pas cette part de sensibilité, tu serais un monstre !*

Cette partie de toi que tu renies, que tu rejettes est, en réalité, ton équilibre, ton tout.

Waaaaaw, quel électrochoc !

Je ne voulais surtout pas montrer que j'étais touchée, émue. Mais cette image m'a libérée de mon besoin de cacher et contrôler ma sensibilité. J'ai donc décidé de l'accepter et de l'assumer.

Aujourd'hui, dès que l'émotion m'envahit, je l'accueille et la reconnais pour sa beauté et l'équilibre qu'elle procure.

J'utilise aussi des pierres de protection appelées « pierres de lithothérapie » qui soignent par le biais des cristaux en émettant une résonance capable d'améliorer le bien-être de la personne à proximité.
Je me suis renseignée auprès de spécialistes et j'ai acheté des pierres que je porte sur moi ou que je place sous mon oreiller selon mon humeur et mon besoin de libération du moment.

Plus on tente de se mentir à soi-même sur sa vraie nature, plus elle va ressortir en explosion ou créer des maux dans notre corps. C'est pourquoi accueillir sa vulnérabilité et sa sensibilité peut, en réalité, renforcer votre socle intérieur. Pour ma part, cela me permet de développer ma puissance et ma vibration.

Soyons honnêtes : avez-vous une préférence pour les personnes fermées comme des portes de prison, ou les gens qui font preuve de sensibilité ?

2

Vivre d'amour et d'eau fraîche?

Investir sur soi et les limites du gratuit...

Cela fait plus de 15 ans que je me fais accompagner en développement personnel: séance énergétique, thérapie, hypnose, chamanisme, etc.

Comment être une bonne consultante si moi-même je ne me fais pas guider?
Comment prêcher les bénéfices d'un accompagnement si je n'en bénéficie pas moi-même?

J'ai investi plus de 40 000 euros ces dernières années.
J'ai commencé par consommer du contenu gratuit comme tout le monde le fait, mais j'ai vite compris que l'information sur les réseaux est limitée et qu'il était temps d'investir sur moi si je voulais passer à une étape supérieure et arrêter de jouer à la marelle en espérant mettre le pied dans la bonne case.

N'oublions pas que nous sommes dirigeantes d'une entreprise, il ne s'agit pas d'une association à but non lucratif.

Je me suis alors trouvé un coach. Malgré le nombre important de professionnels sur le marché, mon choix a été vite fait. Je vais vous expliquer comment j'ai procédé pour que vous ayez un aperçu de ce que peuvent faire vos propres clients quand ils hésitent entre vous et un autre professionnel.
Bien entendu, il s'agit de mon approche et de mon ressenti, chaque être humain est différent. Mais si je me fie à mon procédé, je sais que ma cliente idéale fera comme moi :

- J'ai regardé le contenu de plusieurs professionnels sur les réseaux.
- J'ai enlevé de ma liste tous les consultants qui ne faisaient ni lives ni vidéos.
- Les écrits c'est bien, mais j'avais besoin de sentir son énergie, sa voix, car mon intuition vibre moins sur des écrits.

Comment choisir le bon accompagnement ?

J'avais alors fini sur une liste de quatre coachs à qui j'ai demandé un rendez-vous. Voici les réponses que j'ai reçues :

▶ **Situation 1**

« Tout est consultable sur mon site, je vous laisse faire votre choix. » Ben, le choix était vite fait : au suivant !

▶ **Situation 2**

La personne me fixe un rendez-vous en ligne gratuit avec l'outils de vidéoconférence Zoom, mais n'active pas sa caméra. Je me retrouve donc à parler de mes besoins et de mes ambitions à un écran d'ordinateur noir, comme s'il y avait un mur entre elle et moi. Heu… salut !

▶ **Situation 3**

Le jour du rendez-vous, c'est un « closer » qui répond : une personne rémunérée pour vendre les services à la place du consultant en question.
Mais si je choisis un coach, c'est avec lui que je veux travailler, pas avec un membre de son équipe, surtout lorsqu'il s'agit d'accompagnement à partir de 4 000 euros. Peut mieux faire, non ?!

▶ **Situation 4**

La personne me fixe un rendez-vous d'une heure en visioconférence sur Skype, caméra allumée : nous discutons de mon projet, de mes ambitions et une fois le bilan établi, elle me présente ses différents accompagnements.

Je vous laisse deviner : qui m'a convaincue par son humanité ? Y'a pas à chipoter longtemps !

Investir intelligemment

C'est simple: votre niveau d'investissement est le reflet de votre vitesse d'accélération !

Je sais que les débuts sont longs mais, dans les pages suivantes, nous verrons concrètement comment faire entrer l'abondance dans votre vie.

Posez-vous la question de la nécessité et de l'importance de vos placements et investissements selon votre situation actuelle.
Je suis toujours surprise de voir des entrepreneures qui disent manquer d'argent pour investir dans un accompagnement (qui leur permettrait de poser des bases solides pour leur entreprise afin de mettre en place un système prospère), mais qui investissent dans des week-ends de séminaires.
Je ne suis pas contre, ça permet des échanges, des partenariats, mais ce type d'événement sert plus à gagner en motivation qu'à mettre en place une réelle stratégie.

C'est exactement comme si je pesais cent kilos et que j'allais à une conférence pour voir défiler cinquante nanas qui ont perdu du poids grâce à leur programme Weight Watchers.
Sur le coup, je me sentirais reboostée comme jamais. Je me dirais « moi aussi je veux ces résultats ! ».
Je me lancerais dans un marathon de la minceur (régime et sport à outrance). Fermement décidée et d'un pas franc, c'est une véritable tornade anti-sucre qui se mettrait en place.
Je m'imagine très bien rentrer dévaliser les placards, le frigo,

les réserves que j'aurais pris soin de bien planquer en cas de crises de boulimie pour tout jeter à la poubelle.
Et puis la semaine suivante... second effet kiss cool! Je retomberais comme un chamallow dans mes vieilles habitudes et travers.

La comparaison vous parle?

Pour traiter une problématique, une souffrance, on va souvent s'attaquer à la partie émergée de l'iceberg: on va chercher des spécialités pour la nutrition en passant par l'hypnose, les nutritionnistes, les régimes et j'en passe.
D'ailleurs, croyez-en mon expérience, quelle connerie ces régimes!

Ils vous font perdre du poids tellement vous vous restreignez, mais n'oubliez pas que *votre corps a une mémoire,* donc il stocke, stocke et reprendra plus que le poids initial.

Alors qu'en allant trouver et travailler sur la véritable cause profonde, là on peut traiter le mal à la racine.

Il me semble bien plus utile qu'on m'apprenne à faire la paix avec mes blessures et mes fondations pour ensuite reprendre de bonnes habitudes et avoir une hygiène de vie équilibrée.

Dans le business, c'est la même chose:
Il faut commencer par construire des fondations solides (le pourquoi profond, la mission de vie, le client idéal, l'offre signature) avant de vouloir poser la toiture (la visibilité, les conférences, les ateliers, les partenariats, etc.).

Prenons deux minutes de réflexion.
Comment est-il possible de créer une offre d'accompagnement irrésistible, avec un discours qui touche le client en plein cœur, si on ne le connaît pas dans le moindre détail de ses souffrances, ses croyances, ses envies ?

À votre avis, pourquoi existe-t-il des milliers de conseils, articles, blogs d'informations gratuites sur les réseaux pour devenir un entrepreneur millionnaire ou faire exploser son business, mais que seuls 10 % y arrivent ?
Est-ce dû au manque d'informations ? Non.
Toutes ces informations en libre-service ne remplacent pas un expert pour valider le projet.
Quand il manque un coach pour nous soutenir, nous pousser à sortir de notre zone de confort et implémenter plus rapidement et plus facilement, on reste exactement comme un gâteau sans levure !

L'histoire de Julie

Je voudrais vous partager une situation concrète. Il arrive parfois qu'avant d'investir, une cliente me dise qu'elle va encore réfléchir, car elle ne voudrait pas priver ses enfants de vacances. Disons qu'elle s'appelle Julie. Quand je demande à Julie de faire un choix entre :

- d'un côté, priver ses enfants de voyage à l'étranger une ou deux années pour investir dans son business et ensuite sûrement pouvoir payer non plus des vacances dans le sud de la France (certes un très joli endroit), mais à Cuba ;

- de l'autre, rester dans ce cercle vicieux, à savoir: je continue avec mes 300 euros, j'emmène mes enfants en vacances dans le sud quitte à être ric-rac, mais surtout je ne prends pas de risques.

Vous pensez que Julie préfère quoi ? Eh bien, sa réponse dépendra de ses priorités et de sa vision à long terme. Tout est une question de choix.Voilà pourquoi je crois très fort en l'importance de se former.

Sachez que chaque étape d'expansion de votre entreprise vous demandera de nouvelles connaissances, expertises, compétences et stratégies d'affaires...

Se faire accompagner est un tremplin qu'il faut absolument utiliser régulièrement ! Cela ouvrira le champ des possibles, vous aidera à dépasser vos limites et blocages liés à votre éducation, votre passé, vos idées reçues, vos peurs et vos croyances.

Prenez soin de bien choisir votre investissement en fonction de votre niveau d'avancement.

À vous de vous demander si vous préférez grimper une montagne seule dans la souffrance ou avec un guide qui vous donnera des raccourcis, de l'eau et vous indiquera les gestes essentiels au voyage ?
Eh oui, lancer un business, c'est un peu comme participer à l'émission *Rendez-vous en terre inconnue*.

L'argent, votre meilleur allié pour contribuer

L'argent est une énergie qui doit circuler naturellement, comme l'oxygène.

Vous est-il arrivé de penser: «Je ne comprends pas, mes clientes n'ont pas d'argent ?! On dirait qu'elles ne veulent pas investir ! ».

J'aimerais vous poser quelques questions:

- Est-ce que vous investissez régulièrement en vous ?
- Avez-vous conscience que l'argent est une énergie que vous faites circuler ?
- Avez-vous conscience que vous êtes un miroir ?

Vous attirez à vous ce qui vous ressemble: donc si vous n'investissez pas, vous attirez une clientèle similaire !

Si vous avez répondu non, c'est probablement parce que vous avez de fausses croyances sur l'argent. Vous vous dites sûrement:

« *L'argent est difficile à gagner, j'investirai quand je gagnerai bien ma vie* » ou « *Pourquoi investir dans une aide alors que je peux réussir seule ?* »

Dans ce cas-là, comment attirer des clientes qui soient prêtes à vous faire confiance et investir dans vos accompagnements si vous-même vous ne croyez pas assez en vous pour investir dans votre évolution personnelle ou professionnelle ?

C'est une erreur fatale en matière de temps, d'argent et de confiance en soi que de penser qu'il suffit de prendre par-ci par-là du contenu gratuit pour construire une entreprise qui génère du chiffre d'affaires.

Aujourd'hui, vous avez des connaissances mais, en réalité, la réussite est comme une chaîne de vélo :
Chaque maillon doit être parfaitement à sa place pour que cela puisse fonctionner.
Vous aurez beau avoir les meilleurs outils au monde — EFT, EMDR, PNL, fleurs de Bach, hypnose et j'en passe — si vous ne savez pas comment faire circuler l'argent, ça ne vous servira à rien, soyons réalistes.

Investir en vous et dans votre business va vous permettre d'ouvrir l'abondance, vous montrez ainsi à l'Univers que vous croyez profondément en vous et en vos capacités à transmettre.

Nous avons tout à gagner à réconcilier l'énergie invisible de l'argent et l'aspect visible et matériel de l'argent. Tout cela ne fait qu'un.

L'argent est une chose tout autant spirituelle que matérielle !

Ce phénomène de l'ouverture à l'abondance m'émerveille toujours. Chaque fois que j'investis personnellement ou qu'une cliente investit dans mes services, de magnifiques opportunités se présentent : un nouvel amoureux, la cliente idéale qui arrive au cabinet, une somme d'argent imprévue...

En investissant en vous, vous allez augmenter la valeur que vous vous portez et envoyer le message suivant à l'Univers :

> *J'ai assez d'estime et de confiance en moi pour investir afin d'accéder à mes rêves les plus précieux.*

Vous êtes dirigeante d'entreprise et vous devez croire à votre développement pour être rémunérée à votre juste valeur pour vos services. Vous ne tenez pas une association, mais une entreprise qui va vous permettre de générer des revenus afin de devenir libre et de contribuer au monde.
Mais encore faut-il reconnaître sa valeur.

En réalité le meilleur, c'est tout ce que cet investissement va générer au quotidien : augmentation du niveau de vie, harmonisation et équilibre au sein de la famille, épanouissement dans tous les domaines de votre vie, sentir à nouveau cette flamme intérieure briller pour révéler la femme puissante qui sommeille en vous...

Tout cela arrive quand vous vous autorisez à rayonner et vibrer à la hauteur de votre réelle mission de vie.

Et ça, ça n'a aucun prix !

La loi de l'attraction

Je ne vais pas vous faire un énième discours sur le sujet, vous avez dû en lire des tonnes ! Juste un petit rappel de cette loi qui régit toute ma vie aujourd'hui et qui est ma conviction la plus puissante...

Investir sur vous, c'est permettre à vos clientes d'avoir assez confiance en elles et surtout de croire en vous.
S'ouvrir à l'argent revient à ouvrir l'abondance financière.
Vous êtes un miroir qui émet une vibration et attire à vous ce qu'il reflète.

Ne sous-estimez jamais la puissance de vos pensées et de votre inconscient.

Je suis intimement convaincue que l'on attire à soi ce que l'on pense, ressent, vibre comme un aimant.

Si vous pestez sans cesse, que vous êtes négative,
« C'est d'la faute des autres »,
« Je n'y arriverai pas »,
« Je n'ai pas confiance »,
« Personne ne veut acheter mon service »,
vous envoyez une demande, une vibration négative à l'Univers.

Alors je travaille mes pensées au quotidien pour qu'elles fassent vibrer le positif et l'abondance pour magnétiser naturellement des femmes entrepreneures au même état d'esprit que moi, avec histoires similaires. Et ça, c'est complètement dingue.

Boost and go !

Tous les soirs, j'applique la visualisation créatrice.

Je ferme les yeux et je crée en détail absolument tout mon futur: sur ma plage à Bora-Bora; les mails de mes clientes ravies d'avoir triplé leur chiffre d'affaires; les demandes de conférences à l'international; le public en feu devant moi, bien plus que devant Johnny Hallyday au Stade de France...

Eh bien oui ! quoi ?
J'ai bien le droit de m'emballer.
Je ne vous ai pas dit : **pensez et agissez en version no limit ?**

Puis dans la journée, j'adopte naturellement désormais un discours positif, des affirmations positives, des actions positives.

Respirez ce bonheur, appréciez et agissez, car avec la foi... tout est possible !

Pulvérisez vos croyances en rapport à l'argent

J'ai remarqué que la plupart des gens ont un rapport conflictuel avec l'argent.

Et surtout, ils se questionnent : est-ce que la spiritualité peut rimer avec l'abondance financière ?

Arrêtons de nous voiler la face !

Vous avez besoin d'argent, que vous le vouliez ou non, dans tous les domaines de votre vie :

- la cantine des enfants,
- une nouvelle pierre de lithothérapie,
- une formation (le gratuit a ses limites et vous l'avez certainement constaté),
- une sortie, les courses (sauf si vous jeûnez depuis 10 ans !),
- des habits (à moins de vivre dans un camp de nudistes).

Maintenant, regardons ensemble, quel est votre rapport à l'argent ?

Oseriez-vous incarner cette pensée :

> *« Je l'aime, j'en veux encore davantage, car il me rend heureuse, je peux voyager et m'offrir tout ce que je désire. Il m'aide à contribuer donc je dépense sans compter et ça ne me gêne pas, car j'ai les moyens financiers »*

La plupart des croyances liées à l'argent se résument en quatre phrases :

> *« Je suis une personne spirituelle donc je ne peux pas gagner autant d'argent. »*

> *« Il faut travailler très dur pour en gagner. »*

> *« J'ai toujours vu mes parents galérer, se serrer la ceinture, je devrais économiser aussi. »*

> *« L'argent, ça ne pousse pas dans les arbres ! »*

Vous vous reconnaissez quelque part ?
Et si je vous proposais une nouvelle vision à ancrer sur le bénéfice de l'argent dans votre vie en levant vos blocages ?
Et si je vous disais que justement, en tant que bonne personne, votre plus grand objectif et votre plus grande obligation est de gagner confortablement votre vie?

Si aujourd'hui, vous avez la conviction que les riches sont pourris, égoïstes, qu'en prime ils détruisent la planète avec leurs allers-retours en jet et qu'ils ont une part de responsabilité dans la déforestation quand ils construisent leur immeuble...

Eh bien, c'est justement là votre pouvoir !

Pensez-vous qu'en agissant et parlant comme une personne sans moyens, en manifestant avec une pancarte « sauver la planète » et en faisant des posts de rébellion sur Facebook, nous serons écoutées à notre juste valeur ?

NON.

Dans notre société, ce sont les personnes de pouvoir qui façonnent le monde et décident, ne vous en déplaise.
Et qu'est-ce qui crée le pouvoir? L'argent.
Je ne vous parle pas de vous gaver de caviar, de manger de la viande recouverte d'or ou encore d'avoir 15 voitures de luxe dans votre villa de 500 m² avec plage privée.

Et d'ailleurs, chacun fait bien ce qu'il veut de son fric. Mais si ça vous cause de l'amertume, demandez-vous quel est votre rapport à l'argent.

Vous remarquerez que c'est proportionnel à notre compte en banque : souvent, les personnes les plus révoltées, complexées sur le sujet ont un portefeuille vide.

Je vous propose d'oser enfin gagner votre vie à la hauteur de votre potentiel pour devenir cette femme de pouvoir qui va changer le monde à son image avec bienveillance, écologie et gratitude infinie.

Ne serait-ce pas dingue de pouvoir :

- Créer des écoles pour les enfants dans les pays sous-développés ?
- Créer des lieux de recueillement pour les femmes victimes de violences ?
- Créer un centre de bien-être pour permettre aux femmes de prendre soin d'elles en regroupant des thérapeutes, coachs, guérisseuses et masseuses ?
- Organiser des retraites d'une semaine pour s'éloigner de son quotidien et se recentrer sur soi en tant que femme ?

Contribuer ou trimer ?

Comment pouvons-nous vivre, contribuer ou construire un monde meilleur sans argent ?

Le jour où vous passerez d'un sentiment de manque à un sentiment d'abondance, je vous garantis que vous serez la première à influencer les autres à gagner confortablement leur vie.

Vous penserez même que c'est un crime contre l'humanité de ne pas s'autoriser à aimer et à ouvrir les portes de l'abondance financière pour aider les enfants orphelins, sauver la planète du réchauffement climatique, ou ce qui vous tient à cœur. Vous privez le monde de personnes généreuses, empathiques, bienveillantes, en jouant les saintes-nitouches face à l'argent.

Notre perception de ce qui nous entoure est liée à notre éducation, notre schéma familial et nos croyances. Je connais des riches qui ont beaucoup de valeurs parce que je m'autorise à les voir.

La principale question à vous poser pour vous réconcilier définitivement avec vos finances ou votre compte en banque, c'est : qu'en ferez-vous ? Allez-vous continuer à trimer pour en avoir toujours plus et vous épuiser ? Ou bien allez-vous contribuer et faire circuler cette énergie ?

► **Je vous propose un exercice puissant.**

Écrivez une lettre à l'argent comme si c'était une personne physique, vous pouvez même lui donner un petit prénom.

Dites-lui tout ce que vous ressentez sans réfléchir.
Ensuite, relisez-la et repérez vos croyances et blocages.

Maintenant, réécrivez la même lettre, mais en version positive et au présent, exactement comme si l'argent faisait désormais partie de votre vie.
Décrivez vos journées, vos repas, vos restaurants, vos voyages en famille, votre bien-être au travail. Donnez le plus

de détails possible sur votre nouvelle vie et prenez le temps d'associer à chaque nouvelle chose les sentiments positifs et l'émotion qui s'en dégagent.

Que ressentez-vous, comment vous sentez-vous dans votre cœur et dans votre corps ?

À la fin de cet exercice, rédigez un mantra qui reprend exactement votre nouvelle réalité financière pour le répéter tous les soirs avant de dormir :

> « *Je suis heureuse et reconnaissante que l'argent soit abondant dans ma vie, car...* »

Mes clientes me disent souvent :

> « *Je veux gagner juste assez d'argent pour ne pas avoir à compter* ».

Cette phrase bloque l'abondance.

« *Je veux gagner plus de 10 000 euros net mensuels* », voilà la bonne tournure de phrase à employer et à faire vibrer.

Entre nous, si vous gagnez au loto demain, allez-vous remercier la Française des jeux pour sa générosité et refuser l'argent, sous prétexte qu'en avoir autant ne correspond pas à vos valeurs ?

Non. Vous allez le garder, avoir une joie sans nom de pouvoir en faire profiter vos proches, voyager dans des lieux paradisiaques, acheter une nouvelle maison, investir dans l'immobilier, participer à des œuvres caritatives...

Et alors? Pourquoi pas?! À ce stade, cela vous semble toujours une mauvaise chose d'avoir des revenus financiers dépassant les six chiffres?
Je suis certaine que votre regard a changé!

Voici un autre exemple:
si demain, vous avez un afflux d'argent et de clients, diriez-vous:
«*Je vais refuser les futurs clients, car je commence à bien gagner ma vie et c'est mal d'avoir autant sur mon compte en banque*»?

Non.

Si vous espérez changer le monde pour qu'il corresponde à votre vision, à vos valeurs, à votre idéal, ce n'est pas en restant pauvre, en vous limitant que vous y arriverez.

> ***Intégrez dans votre être profond que la richesse est un moyen de devenir réellement la personne inspirante que vous souhaitez pour impacter le monde.***

N'oubliez pas que l'argent n'est ni bon ni mauvais, c'est une énergie, un échange de valeurs qui vous permet d'obtenir ce que vous souhaitez pour vous réaliser.

Faites une liste de tout ce que vous pourriez obtenir et réaliser grâce à de l'argent et une autre avec tout ce pour quoi vous êtes reconnaissante pour vous réconcilier avec votre portefeuille:

« Grâce à cette abondance d'argent dans ma vie, je suis reconnaissante, car je peux ... »

3

La valeur VS vos tarifs

Quelle valeur accordez-vous à vos accompagnements ?

Quelle est la valeur de transformation de vos accompagnements ? Pensez-vous accorder assez de valeur à vos accompagnements ?

Vous voyez bien que l'on ne parle pas de tarif ici quand je pose ces questions sur les valeurs. Pourtant on fait souvent la confusion.

Avez-vous déjà eu ces pensées :

> *« Je veux contribuer donc je ne dois pas faire payer trop cher ? »*
> *« Je donne gratuitement pour les personnes sans ressources, car cela fait partie de ma mission ? »*

Au début, vous avez besoin que votre valeur soit reconnue :

« Est-ce que je suis capable ? », « Que vais-je faire si mes clientes n'ont pas de résultats ? ».

Ensuite, vous avez du mal à passer du gratuit au payant, donc vous commencez par vendre des séances à l'unité ou par pack de trois ou cinq rendez-vous à 60 euros de l'heure.

En réalité, soyez honnête envers vous-mêmes, êtes-vous pleinement satisfaite lorsque vous accompagnez une personne sur une séance ?
Certes, vous ressentez de la gratitude d'avoir eu cette cliente qui croit en vous et du plaisir de voir les prises de conscience qu'elle a obtenues.
Mais si cette cliente vous demandait de l'accompagner plus en profondeur sur sa problématique, si elle pouvait bénéficier de tous vos outils et de toutes vos connaissances pour vivre une véritable transformation par rapport à tous ces schémas qu'elle a mis en place depuis longtemps, ne verriez-vous pas là votre vraie mission se réaliser ?

Quelle est votre limite ?

Je ne suis pas contre commencer par quelques séances gratuites afin de valider une idée, un tarif et d'avoir des retours clients. Cela vous permettra d'améliorer vos prestations, de prendre confiance en votre légitimité. Mais, pour ne pas entrer dans le pseudo-confort et l'engrenage du gratuit, **posez-vous un cadre dès le départ :**

- Combien vais-je faire de séances offertes ou à un tarif de lancement ?
- Quel est mon objectif en proposant ces séances ?
- Quels sont les retours que je souhaite obtenir ?
- Quel sera mon futur tarif ?

N'oubliez pas que l'énergie du gratuit attirera des personnes en résonance avec cette même énergie…

Maintenant, j'aimerais avoir votre avis sur deux cas concrets :

1) Imaginez une maman en rupture de communication avec son enfant depuis plus de deux ans. Dans ce contexte, quelle valeur aurait le fait de renouer le dialogue ?

Une valeur ILLIMITÉE.

2) Imaginons à présent que vous êtes une entrepreneure en activité, depuis plus de trois ans. Aujourd'hui, vous vous sentez épuisée et frustrée, car vous êtes obligée d'accepter tous les clients, même lorsqu'ils ne vous correspondent pas… pour payer les factures !

Dans ce cas, vous vous donnez corps et âme pour vous rendre visible (réseaux sociaux, articles de blog, vidéos en ligne, flyers, etc.), mais vous vous sentez toujours noyée dans la masse…

Malgré tous vos efforts et votre soif de transmission, vous gagnez seulement entre 500 et 1 000 euros par mois.

À ce stade, vous décidez d'investir dans un accompagnement qui vous permet alors :

- de vous aligner à votre mission et d'incarner votre plein potentiel,
- d'attirer uniquement des clients de cœur prêts à investir dans vos services,
- de pouvoir voyager en famille deux fois par an et avoir du temps libre pour profiter pleinement de la vie,
- d'avoir le temps de reprendre votre passion pour la peinture ou la musique.

À votre avis, quelle est la valeur de cet accompagnement et de cette transformation dans la vie d'une femme ?
70 euros de l'heure ? Non !!
C'est une valeur ILLIMITÉE.

Oui, tout est une question de valeur et de priorité.

Revenons à vous. Vient le moment de présenter vos services et vos tarifs et là, votre prospect vous demande une réduction. Si vous vous sentez prête à la lui accorder pour obtenir ce client à tout prix, demandez-vous juste un instant si votre travail et la transformation que vous allez lui apporter méritent une réduction.
Vous pouvez aussi demander au client s'il accepterait d'aller travailler le même nombre d'heures en étant rémunéré 30 % de moins…

N'oubliez pas que vos tarifs *ne doivent donc pas être fixés en fonction du nombre de séances, du temps passé, de vos peurs, de la concurrence, mais plutôt en fonction de la valeur et de la transformation attendue de votre client.*

Prenez garde de ne pas tomber dans le don et la gratuité à outrance. Par effet miroir, vous allez attirer des personnes qui pensent avec un esprit de pauvreté et non d'abondance. D'autant plus que le gratuit a une connotation négative : « Ça ne vaut rien, c'est cheap, c'est moins qualitatif ».

Accordez-vous la même importance à une formation si elle est payante ou offerte ?

Repensez au dernier cadeau que vous avez proposé, analysez le taux d'engagement et de réussite de vos participants.

Si maintenant vous le vendez, les clients deviennent comme par magie plus engagés, plus impliqués, car ils prennent conscience de la valeur de leur investissement.

L'humain accorde plus d'attention et d'importance à ce qui nécessite qu'il sorte sa carte bleue. Et encore davantage lorsque le tarif lui demande un réel effort financier.

Dans ce cas-là, c'est le jackpot, car il va se donner corps et âme pour rentabiliser son investissement et obtenir une réelle transformation en s'impliquant à 10 000 %.

Reconnaître sa valeur pour assumer son tarif

Je voudrais vous raconter une histoire. Il était une fois une femme qui voulait un portrait. Elle contacte un artiste-peintre, Pablo, qui accepte volontiers. Ils se donnent rendez-vous, s'installent et au bout de trente secondes, il finit. Ensuite, il regarde la femme en souriant, lui donne son portrait et lui demande 30 000 euros.

Surprise, elle s'exclame :
– Quoi ? 30 000 euros ? Mais ça va pas ! Il vous a fallu à peine 30 secondes pour le réaliser !

Pablo esquisse un sourire, et lui répond :
– Oui, mais il m'a fallu 30 ans pour arriver à le faire en 30 secondes.

J'adore cette histoire ! Elle aide à changer son regard et à comprendre qu'il y a une différence fondamentale entre vendre son temps contre de l'argent et fixer un tarif en fonction de la valeur d'un travail et du résultat obtenu.

▶ **Maintenant, voici un exercice :**

Demandez-vous pourquoi vous souhaitez gagner de l'argent :

- Quelles sont vos dépenses mensuelles obligatoires (local, internet, essence, charges, impôts…) ?
- Combien souhaitez-vous gagner en plus pour votre plaisir personnel ?

- Combien devez-vous travailler d'heures à votre tarif actuel pour obtenir ce chiffre d'affaires ?
- Combien d'heures souhaitez-vous travailler par semaine ?

Combien avez-vous investi depuis le début de ce projet ?

- en formations :
- en années d'école :
- en locations de salle :
- en accompagnements :
- en livres d'apprentissage :
- en séances de thérapie :
- en matériel :

Additionnez ces investissements et comparez le total à la valeur que vous vous donnez actuellement. Est-ce que vous pensez que votre tarif actuel respecte votre valeur ?

Si oui, félicitez-vous, honorez-vous !

Si non, comment pouvez-vous y remédier ?

L'histoire de Patricia

Une de mes clientes avait trois cabinets en tant que nutritionniste-diététicienne et travaillait sans relâche de 8h à 20h, quasiment sans pauses.

Vous le savez comme moi, lorsqu'on a la tête dans le guidon, impossible de changer si on ne prend pas un peu de recul ou si quelqu'un ne nous met pas le nez dedans.

Lors d'une séance, j'ai donc décidé de lui poser les questions suivantes afin qu'elle prenne conscience de la réalité qu'elle vivait.

– *Quelles sont tes dépenses mensuelles obligatoires (local, internet, essence, etc.) ?*

– *2 500 euros.*

– *Combien souhaites-tu obtenir en plus de ces charges obligatoires pour ton confort personnel ?*

– *1 500 euros, mais ce n'est pas le cas aujourd'hui, je n'ai pas d'argent pour mes loisirs.*

Je ne soulève pas et continue mes questions.

– *Il te faut donc 4 000 euros net par mois (2 500 + 1 500), soit environ 8 000 euros brut (avec les charges et les impôts). Combien dois-tu travailler d'heures à ton tarif actuel pour obtenir ce chiffre d'affaires ?*

– *Mon tarif actuel est à 60 euros l'heure, je devrais donc faire 133 heures, donc 33 heures par semaine.*

Mais, dans l'accompagnement, c'est très difficile d'enchaîner les rendez-vous, c'est prendre le risque de s'épuiser moralement et physiquement.

– *Maintenant, prenons le cas où tu factures un accompagnement de quatre mois à 1 500 euros, payable en trois fois. Cela fait donc 500 euros mensuels par client. Il te faudra 16 clients pour obtenir 8 000 euros. À raison d'une séance par semaine, cela ferait 16 heures de travail, contre 33 heures dans l'exemple précédent. deux fois moins d'heures de travail donc deux fois plus de concentration, d'énergie, de valeur.*

Vous voyez où je veux en venir ?

Faites le même exercice si vous avez déjà une activité entrepreneuriale...

Concernant votre souhait de contribution :

Je souhaite conclure ce chapitre sur un élément essentiel : tout n'est pas binaire, en noir ou en blanc.

Gagner confortablement sa vie ne signifie pas ne plus être dans le don de soi. Rien ne vous empêche d'apporter votre pierre à l'édifice pour contribuer sur des actions qui vous tiennent à cœur, en parallèle.

Aujourd'hui, je contribue en donnant de mon temps auprès d'associations d'entrepreneures et de femmes en difficulté. Mais, pour que ça fonctionne et que je ne me retrouve pas le cul entre deux chaises, ces deux activités sont clairement délimitées et définies dans ma tête et mon agenda.

Aujourd'hui, je suis dirigeante de ma société grâce à laquelle je transmets un savoir rémunéré à la hauteur de la transformation que j'apporte à mes clientes.

Encore une fois, le principal est de **se poser un cadre** et d'être au clair avec soi, ses intentions, sa vision, ses objectifs et les actions à mettre en place pour les atteindre.

Maintenant, pensez à la valeur et à la transformation de vie que vous pouvez apporter à vos clients. Est-ce que ça vaut 60 euros ?

Non.

Souhaitez-vous travailler sur la face immergée de l'iceberg en appliquant un pansement d'urgence sur une séance ou aller plus en profondeur avec un client engagé sur un accompagnement ?

Reconnaissez votre valeur, assumez-la et autorisez-vous à vous voir avec les yeux de l'amour.

4

Les fondations d'un business prospère

Votre pourquoi profond, l'élément n°1

Trouver son pourquoi, son « why », sonne aujourd'hui comme une évidence, mais pour l'obtenir, cela demande une réelle introspection personnelle. Pour simplifier l'idée de ce grand concept, qui peut paraître trop spirituelle au premier abord, il s'agit simplement de trouver un sens profond à nos actions.

Nous avons tous un « pourquoi », une cause à défendre qui est notre moteur au quotidien pour avancer jusqu'à notre but.

Si vous n'avez pas encore réussi à l'identifier, placez-le en priorité, car malheureusement, lorsqu'on ne sait pas POURQUOI on fait les choses, c'est déprimant et souvent on se retrouve au four et au moulin par nécessité, mais sans conviction ni passion.

Il s'agit de votre grand « why », ce qui vous fait vibrer et que vous pourrez faire toute votre vie sans jamais vous lasser, sans jamais avoir l'impression de travailler. Vous vous lèverez heureuse et épanouie.

Ce « pourquoi » est très souvent, si ce n'est tout le temps, lié à votre histoire.

Pensez à l'arbre, il peut changer ses feuilles mais pas ses racines. De même, votre histoire vous colle à la peau ! C'est à vous désormais de savoir ce que vous souhaitez en faire (une mission, une souffrance, un poids qui vous freine).

Pourquoi est-ce que vous vous levez le matin ?

Ce qui m'émerveille encore le plus aujourd'hui, ce sont les premières séances de coaching quand je vais chercher le pourquoi profond de mes clientes, ce feu brûlant qui les fera tenir tout au long du chemin escarpé qu'est l'entrepreneuriat. Et leur faire vivre de véritables révélations qu'elles ne pouvaient voir seules, enfermées dans leur schéma de pensées et dans leurs limitations.

La plupart du temps, lorsqu'elles m'appellent, je suis leur bouée de secours, leur dernière chance avant de fermer leur entreprise pour reprendre un job alimentaire, car elles se sentent frustrées de ne pas pouvoir aider, de donner de leur temps sans résultats concrets.

J'arrive pour dépoussiérer cette pépite éteinte, inavouée, cachée au fond d'elles.

Au moment où nous identifions ce grand pourquoi et leur véritable mission alignée à leur essence personnelle, elles ressentent un élan de renouveau, un booster d'énergie et de confiance.

Et là, c'est la grande révélation, la cliente sent l'héroïne et la femme audacieuse qui sommeillent en elle reprendre enfin leur pleine puissance.

Pour la première fois, elle a une vision précise et claire de ce qu'elle veut accomplir.

Trouver votre pourquoi dans vos projets professionnels ou personnels vous aidera à faire face à toutes les épreuves et à rester constamment motivée.

Est-ce que je suis sur mon chemin de vie ?

Pour répondre à cette question, je vous propose de suivre votre intuition.
Vous savez, cette petite voix intérieure qui vous dit que quelque chose ne va pas, mais que vous tentez de convaincre du contraire par peur de l'incertain, du vide. Il est d'ailleurs prouvé que l'être humain préfère un enfer connu plutôt qu'un paradis incertain.

La plupart du temps, dans le domaine du développement personnel, nous parlons de « mission de vie » mais il peut aussi s'agir d'un don, d'un talent, d'une expertise que vous avez acquis au fur et à mesure de votre vie.

Le tout est de savoir ce que vous souhaitez en faire et

comment vous pouvez contribuer à un monde meilleur et transmettre votre savoir pour aider les autres.

Si vous sentez que tout vous demande un effort, comme si vous ramiez à contre-courant avec une seule pagaie, alors il est évident que vous n'êtes pas sur le bon chemin de vie. À l'inverse, si vous vous alignez sur votre feu sacré, tout est plus fluide et les portes de l'abondance s'ouvrent à vous.

Donc quand vous avez envie de tout arrêter, demandez-vous simplement pourquoi tout a commencé, c'est votre pourquoi profond. Et faites preuve de constance !

L'entrepreneuriat est un marathon et non un sprint.

Au début, avec l'envie et l'excitation de la nouveauté, avec toute notre bonne volonté, on part sur les chapeaux de roues : on lit deux livres par semaine, on écrit trois articles par mois, on crée des posts à n'en plus finir. Puis au bout de quelques mois, on disparaît des radars des réseaux sociaux, on s'essouffle, on s'épuise...

Je vous conseille de prendre en compte le futur, avec un agenda rempli de clients : aurez-vous encore la possibilité de créer autant, au quotidien ?

Autant vous fixer une limite raisonnable à tenir dans le temps dès le départ, pour garder le lien avec votre communauté, en vous rendant visible, que ce soit par des articles, vidéos, lives, stories, podcasts...

C'est exactement ce qui m'a aidée à rayonner en ligne quand la plupart de mes concurrents et confrères disparaissaient petit à petit, par manque de constance. De mon côté, le retour de mes clientes était toujours le même : « On vous voit toujours, ça nous rassure et nous donne confiance ! ».

De plus, comment trouver un professionnel, qui ne se montre pas donc que l'on ne voit pas ?

▶ L'exercice puissant des 5 pourquoi

La réelle puissance de cet exercice, c'est d'aller en profondeur en se posant plusieurs fois la question du « pourquoi ».

- Voici un exemple concret

Pourquoi est-ce que je souhaite créer mon entreprise ?
Parce que j'aime transmettre et que je souhaite contribuer.

Pourquoi est-ce important pour moi ?
Pour faire prendre conscience au monde que tout est possible et que l'on n'est pas condamné à souffrir.

Pourquoi ce message est-il important ?
Pour permettre aux femmes de reprendre leur pouvoir et de devenir libres et indépendantes.

Pourquoi aimerais-tu aider les femmes à être indépendantes ?
Mes connaissances vont me permettre d'aider les femmes comme j'aurais aimé le faire pour ma mère à l'époque.

Pourquoi les femmes ? *Pour qu'elles sachent qu'elles peuvent s'en sortir, sans dépendre d'un mari ou d'un patron.*

À vous de réaliser votre propre introspection. Prenez le temps, rien ne presse, car les choses arrivent lorsque nous sommes prêtes à les recevoir.

Mon travail n'est pas un simple travail, je lui donne un sens plus spirituel, il est une vraie mission que j'incarne au quotidien. Ce n'est pas simplement faire des heures d'accompagnement, aider mes clientes à rayonner et à vivre de leur passion, c'est mettre en marche l'effet papillon (je vais détailler cela plus loin dans le livre).
Je les guide pour qu'elles déploient leurs ailes et fassent rayonner leur potentiel, pour qu'à leur tour elles aident d'autres femmes. Quelle gratitude infinie je ressens à la fin de chaque accompagnement !

Demandez-vous : « qu'est-ce que je souhaite incarner de plus profond qu'un simple travail par obligation ? »

C'est à partir des vraies questions que vous pourrez établir un plan avec des actions à mettre en place.
Faire des listes, c'est simple. Là où les choses se compliquent, c'est quand vient le moment fatidique du passage à l'action.

Maintenant que vous avez défini votre pourquoi, votre moteur pour une vision à long terme, désormais il faut lister concrètement le « comment ».

Mon pourquoi : Je veux aider les femmes à être indépendantes.

Comment ? En leur permettant de vivre de leur business grâce à leur histoire de vie.

> ***A**utre point essentiel, votre pourquoi profond rendra votre communication authentique et impactante.* **Car ce que les gens achètent, ce n'est pas ce que vous faites, mais pourquoi vous le faites.** ***Et ce que vous faites traduit simplement ce en quoi vous croyez profondément.***

Fermez les yeux, mettez une main sur votre cœur et l'autre sur le bas-ventre, votre centre énergétique, et demandez-vous :

- Si on m'offrait 10 minutes de passage sur TF1 dans le journal de 20h, suivi par des milliers de personnes, de quoi parlerais-je ?

....

....

....

....

....

....

- Quel est le sujet qui me passionne et dont je pourrais parler pendant des heures ?

....

....

....

....

....

....

▪ Quelle est la cause que j'aimerais défendre à l'antenne pour impacter le monde?

....

....

....

....

....

....

Dernier conseil: si plusieurs idées vous viennent et que vous ne savez pas quelle est la plus forte, listez-les puis regardez les points communs, le fil rouge entre toutes, car il en existe forcément un.

Et c'est là certainement que se trouvent votre grand pourquoi et votre mission...

Votre histoire, votre force pour vous différencier, l'élément n°2

> ***Pour réussir, il faut que votre pourquoi vienne de votre histoire de vie et qu'il soit plus grand que votre peur de l'échec.***

En général, pour se différencier de la concurrence, on recherche désespérément un grand concept, hyper pointu et spécifique — souvent, il l'est tellement qu'on ne le trouve jamais.

En réalité, votre puissance se trouve simplement dans votre

histoire de vie, vos souffrances transcendées. Le monde a besoin d'entendre votre histoire, c'est votre source d'impact et d'inspiration. Prenez conscience que chacune de vos erreurs vous a permis de passer par un chemin encore non exploré par d'autres. Chacune de vos rencontres est unique et vous a donné la possibilité d'apprendre sur la vie et sur vous-même, en découvrant vos limites, vos envies, vos besoins...

Votre mission, don, talent est unique. Ce qui vous semble si facile ne l'est peut-être pas pour d'autres, ce qui vous semble évident ne l'est peut-être pas pour votre client. Car vous avez votre propre zone de génie.

Pensez à la dernière fois où vous avez acheté un accompagnement et vous avez hésité entre deux professionnelles. Pourquoi avez-vous choisi l'une et pas l'autre ?
Pour son énergie, son histoire, son parcours semé d'embûches qui vous rappellent le vôtre ?
Par exemple, une relation difficile avec son père et son rapport compliqué aux hommes qui vous ramène à votre propre histoire.

Parlons de votre histoire : elle est unique, mais elle va résonner comme une évidence pour une personne qui vous écoute et qui a vécu des expériences similaires. Vous allez vous connecter directement à sa partie émotionnelle, ses valeurs et réveiller en elle son propre passé. Certes, vous avez lu vingt livres sur un même sujet, mais un seul vous touchera en plein cœur. Pour vous, c'est la même chose, personne d'autre ne peut avoir vos mots, votre façon d'expliquer, d'accompagner, de comprendre.

***V**ous êtes un être unique, comme une empreinte que vous laissez dans le monde. Osez briller, osez faire de votre histoire un impact pour transmettre votre message et votre contribution au monde.*

Votre puissance féminine, l'élément n°3

Force est de constater que peu de femmes ont conscience de leur puissance et de leur valeur. Posez-vous la question : quelle est la valeur que je m'accorde en tant que femme ?

Notre estime personnelle détermine ou du moins influence notre valeur financière.

Effectivement, il y a deux valeurs qui peuvent vous paraître au premier abord dissociables, mais qui en réalité sont intimement liées :

1) La valeur que nous nous donnons en tant que femme, qui correspond à l'estime et l'amour de soi, notre colonne vertébrale pour avancer avec assurance et confiance dans la vie.

2) La valeur que nous donnons à notre travail en tant que chef d'entreprise, qui est un indicateur puissant pour fixer notre tarif avec aisance.

Travaillez en priorité votre socle, en renforçant votre estime, ce qui permettra dans un second temps de fixer vos tarifs :

- avec plus de facilité, tout en étant parfaitement alignée à vos valeurs,
- avec plus de respect pour vous-même,
- avec confiance dans votre capacité à transformer la vie de vos clientes,
- et de manière à honorer la richesse de votre accompagnement.

La valeur financière étant abordée dans les chapitres précédents, penchons-nous sur le socle de l'estime de soi.

Différenciez l'estime et la confiance :
c'est important que je vous nomme clairement la différence entre les deux, car tout le monde utilise le mot confiance à tort et à travers, alors qu'il s'agit le plus souvent d'un manque d'estime.

Pour combattre un ennemi et le transcender, encore faut-il savoir à qui on s'attaque, hein ?!

- **L'estime est la valeur intérieure que l'on se donne** (« Je suis nulle, je n'y arriverai jamais, les autres sont meilleurs que moi »).
- **La confiance réside dans le fait d'oser** (oser entreprendre, oser se dépasser, oser dire oui à un nouveau projet).

Je suis toujours si triste de voir des clientes n'avoir aucune réponse à la question suivante : « Quel est ton rêve ? ».
Cela signifie qu'elles se sont complètement oubliées.

Je m'aime, un peu, beaucoup, PASSIONNÉMENT

Sur 10 femmes, seulement 2 sont capables de me répondre avec une vision claire.

Pourquoi ?

Parce qu'elles se sont petit à petit oubliées elles-mêmes en donnant la priorité à leur mari, leurs enfants, leurs amies et elles ne savent plus ce qui les rend heureuses elles, en tant que femmes. Souvent, elles ne prennent plus assez de temps juste pour elles, pour leur bien-être.
Je trouve tellement dommage de s'oublier !

> ***La rencontre la plus extraordinaire de votre vie, c'est VOUS ! Vous avez minimum 80 ans à vivre avec vous m'aime.***

Autant être honnête, améliorer son estime de soi et libérer ses blessures, c'est le travail de toute une vie.

Je vais vous partager mes pépites, celles que j'ai mises en place au quotidien et que j'utilise encore aujourd'hui pour consolider cette estime qui a été très fragilisée depuis mon enfance.

Que ce soit pour l'estime ou la confiance, j'aime comparer cela à un sportif qui va à la salle de musculation. Tous les jours, il s'entraîne et petit à petit, son muscle va grossir et se fortifier. Mais s'il arrête d'aller à la salle, son muscle va se ramollir. Eh bien, c'est la même chose pour tout, c'est un

entraînement quotidien d'améliorer son estime, sa prise de parole, sa visibilité.
Chaque jour, on essaie de se dépasser en sortant de sa zone de confort et, petit à petit, à chaque réussite, l'estime de soi augmente.

Je me souviens que pour mon premier passage en radio, j'étais très stressée. Je faisais déjà des lives, des conférences, c'est vrai, mais je n'avais jamais fait de radio. C'était donc un challenge, l'inconnu total.
Vais-je être à la hauteur ? Vais-je savoir répondre correctement aux interrogations ?

Les 15 jours précédant le jour J, j'ai réalisé des visualisations positives, je me suis remémoré tous mes succès, mes conférences sur scène, les femmes qui me transmettent tout le bien que je leur apporte, pour renforcer mon estime.

Imaginez-vous tout ce que vous pourriez accomplir si vous laissiez votre puissance intérieure se révéler au grand jour. Osez laisser jaillir votre feu brûlant en mode « no limit » !

▶ Exercice de visualisation

Fermez les yeux et imaginez-vous sur une scène avec un micro à la main. La foule est là pour vous, elle vous acclame, ravie de recevoir tous vos conseils qui transforment leur vie.
Allez-y, lâchez-vous, le monde a besoin de vous entendre.
Souriez, visualisez chaque détail, les autographes, les demandes d'accompagnement, les fleurs jetées sur la scène…
Ohhh oui, lâchez-vous à fond !

Vous êtes une pépite !

J'ai un message pour la femme merveilleuse que vous êtes : vous êtes la personne la plus importante de votre vie ! Prendre soin de vous n'est pas de l'égoïsme, mais la plus belle façon d'aimer ensuite à l'extérieur.

Nous ne pouvons pas changer le passé, mais vous pouvez changer le regard sur vous-même en prenant conscience que chaque étape était un pas nécessaire vers celle que vous êtes aujourd'hui.

Penser positivement et vibrer positivement attire et magnétise le positif dans votre vie. En osant montrer votre propre lumière, vous invitez les autres à rayonner.

> ***La seule personne qui fera partie de ta vie de ta naissance à ta mort n'est ni ton mari, ni ton enfant, ni ton amie, mais toi, alors aime-toi, chéris-toi, console-toi, respecte-toi.***

Vous savez, au fond de moi je n'aimais pas la femme que j'étais depuis la perte de Jannick. À l'âge où les adolescentes construisent les fondations de leur estime, moi je la perdais. Puis j'ai dû réapprendre à dépasser mes doutes et ma blessure de l'abandon.

Je vais vous partager les astuces que j'ai mises en place au quotidien pour devenir une putain de nana ! Oups, je m'emballe... mais qu'est-ce que ça fait du bien de ne pas se limiter et de libérer sa part rebelle !

▶ Exercice des petits cœurs

Pour me souvenir que je suis une pépite, je place des petits papiers avec un cœur dessiné dessus un peu partout dans la maison (boîte à bijoux, boîte à maquillage, tiroir à chaussettes...) et à chaque fois que je tombe dessus, je me félicite ou je me dis une gentillesse.
En plus, j'ai dessiné un gros cœur au rouge à lèvres sur le miroir de ma salle de bain pour ne pas oublier la femme formidable que je suis.

Votre boîte à bijoux sert à créer votre beauté extérieure, mais votre plus belle beauté vient de votre intérieur, de l'amour que vous vous portez.

Les plus beaux bijoux au monde n'auront jamais plus d'effet qu'une femme qui rayonne de l'intérieur.

Vous êtes un être aux multiples facettes et c'est là votre richesse : vous êtes un être exceptionnel.

▶ L'astuce du vase d'amour

Voici une autre façon de reconnaître votre valeur. Dessinez un magnifique vase vide. Écrivez chaque réussite, fierté ou dépassement en commençant par le bas et regardez tous les jours votre vase d'amour de soi et de reconnaissance se remplir et félicitez-vous.

▶ La boîte à réussite

Vous pouvez également écrire sur des petits papiers vos réussites, vos fiertés, des témoignages de clients et les mettre dans une boîte.
En période de doute, de désamour, de peur, piochez un papier, allongez-vous confortablement, faites trois respirations profondes avec le ventre, puis lisez-le.
Fermez les yeux et revivez pleinement cette réussite dans votre tête et dans votre corps. Qu'avez-vous ressenti ce jour-là ?
Revivez cet instant dans tous ses détails, puis faites un grand sourire.
Vous allez sentir votre niveau de joie grandir, car le cerveau ne fait pas la différence entre le réel et l'imaginaire.

▶ L'amour de votre corps

Vous le savez, votre corps est votre véhicule dans ce monde.
À cause de mes nombreuses prises de poids, je n'avais pas un bon rapport avec mon corps, je me critiquais souvent et je l'ignorais autant que possible.
Petit à petit, j'ai appris à être reconnaissante : il était comme une carapace pour me protéger dans les moments difficiles de la vie.
Régulièrement, je me mets de la crème sur le corps en remerciant chaque partie une à une

> *« Genou, merci de me porter chaque jour et de me permettre d'avancer. Épaule, merci d'être solide ».*

Pour ancrer cette habitude, je l'ai écrite sur un post-it près de mes produits de beauté.

Avez-vous remarqué la différence entre votre rapport aux autres et votre rapport à vous ? Je m'explique…

Si une de vos amies vous appelle en pleurs, car elle vient de faire une erreur, vous allez la défendre, la consoler, lui dire que tout va bien se passer. Alors pourquoi êtes-vous si dure avec vous au moindre pas de travers ?
Est-ce que vous ne méritez pas un peu de douceur ?

C'est un phénomène connu : nous retenons 100 fois plus nos échecs, et nos souffrances que nos réussites. Mais pourquoi ?

- Pensez à votre dernier échec, combien de fois en avez-vous parlé ?
- Combien d'heures avez-vous saoulé vos enfants, votre conjoint, vos amies ?
- Combien de jours avez-vous ruminé et pesté ?
- À combien de personnes en avez-vous parlé ?

Maintenant, pensez à votre dernière fierté… Je suis sûre que vous allez mettre plus de temps à en identifier une.

- Combien de temps avez-vous sauté de joie ?
- Combien de temps y avez-vous pensé avant de passer à un autre sujet ?
- À combien de personnes en avez-vous parlé ?

VOILÀ.

Maintenant que vous avez conscience de votre propre schéma, je vous propose d'inverser la tendance et de prendre autant de temps à penser à vos fiertés qu'à vos échecs et à en parler au plus de monde possible, quitte à les saouler.
Faites-vous kiffer.
Offrez-vous un beau cadeau, remplissez votre boîte à réussites, dites-le à tous vos ami(e)s, sur vos réseaux, notez-le sur un post-it pour le voir tous les jours en ouvrant votre agenda.

Osez vous rendre visible, le monde vous attend !

Comment rayonner et impacter, si vous restez dans l'ombre ?

Le moment est venu de tourner vos vidéos et de montrer quelle pépite vous êtes ! « *Quoi ? Me rendre visible et me faire juger ? Non merci !* »

Vous savez, ceux qui vont vous regarder seront épatés par votre courage, peut-être même envieux si au fond d'eux, ils en rêvent mais n'osent pas le faire. De plus, rassurez-vous sur un point, ceux qui vous suivent vous apprécient et partagent vos valeurs.

Est-ce que vous suivez des personnes qui ne vous plaisent pas, pire vous agacent à travers leur voix, leurs points de vue, leur énergie ?

Non, donc elles non plus!

Dès que vous devez accomplir une action qui vous demande un élan de courage, demandez-vous :

« Qu'ai-je à perdre ? »
Mais surtout : « Qu'ai-je à gagner ? »

La seule personne qui paie vos factures, c'est vous, donc l'avis des autres n'est que « la vie » des autres.

Allez, rentrons dans le vif du sujet :
Vous êtes persuadée que vous allez être jugée, oui peut-être, si quelqu'un tombe sur votre vidéo par hasard, mais ça va durer 2 minutes, puis elle va vous oublier.
Entre nous, ca nous arrive toutes de juger, soyons un peu honnêtes, et pour autant, avons-nous harcelé la personne sur ces réseaux ? Non !
Donc pour vous, c'est la même chose. Je suis même sûre que vous allez être extrêmement surprise des retours positifs que vous allez recevoir. Alors, que risquez-vous ? Lancez-vous, respirez un grand coup et appuyez sans réfléchir sur « lancer le direct ».

J'entraîne mes clientes à faire des lives dans des groupes privés. Le premier jour, elles me détestent, le deuxième jour un peu moins, et au bout d'une semaine elles me disent qu'elles sont fières d'elles.

L'entraînement nous fait entrer petit à petit dans une nouvelle zone de sécurité et nous prouve que nous sommes capables de le faire.

Prendre 100 % de la responsabilité de ses actes et les assumer, c'est ça être maître de sa vie et de son entreprise.

***L**e jeu de Tetris m'a appris une chose: dès qu'on essaie d'entrer dans le moule... on disparaît! Donc soyez vous-mêmes, c'est aussi simple que ça!*

L'importance des lives et des stories

Nous sommes dans une société de consommation où tout va vite et tout doit être accessible en un clic. Facilitez donc l'accès pour votre communauté à vos services.

Un live permet de créer du lien, d'humaniser vos échanges, de faire découvrir vos valeurs et votre énergie.

J'ai commencé tout comme vous avec une page professionnelle Facebook avec 0 abonné. Et deux ans après, avec plus de 2 000 lives, je me retrouve avec 7000 abonnés en naturel sur mes différents réseaux!

Ah le premier live, quelle horreur! J'étais constamment rattrapée par la « perfectionnite aiguë ».
Intérieurement, ça donnait « *Tiens-toi bien droite, parle moins fort.* » « *Oh mon Dieu, mais c'est quoi cette voix!* »

Mon conseil: ne faites pas l'erreur de réécouter vos vidéos. Vous serez tellement critiques que vous allez finir par la supprimer après l'avoir enregistrée 56 fois et avoir perdu cinq heures de votre temps.
Sachez que votre meilleure vidéo n'est pas celle que vous aurez scriptée, tournée mille fois ni celle avec un décor

parfait et sans mèche de cheveux qui dépasse. Mais votre meilleure vidéo sera un live. Vous savez pourquoi ?
Parce que vous êtes dans l'instant présent, authentiques, 100 % naturelles et vraies.
Oui, un enfant va crier à côté, oui, une voiture va klaxonner, oui, le vent va faire voler vos cheveux dans la figure.
Et alors ? N'est-ce pas le message qui compte ?

J'étais fière en tant qu'autodidacte d'être arrivée à ce stade mais bien entendu, le « *Tu peux mieux faire* » me rattrapait... Il sera toujours présent en moi, je pense.

Aujourd'hui encore, j'ai une soif énorme d'apprentissage, je regarde tous les jours deux heures de formation ou de conférence pour à mon tour transmettre le meilleur dans mes accompagnements. Mais le temps est venu de passer à un palier supérieur : j'ai pris la décision d'investir et surtout de passer à l'action aussi souvent que possible et sans réfléchir pour faire taire la perfectionniste qui sommeille en moi.

Au départ, il y a eu un constat amer.
Je me disais « *Quelle erreur... Ce que j'ai mis deux ans à apprendre, j'aurais pu le faire en six mois avec une formation de qualité* ».

Mais je suis vite revenue à la raison en repensant à un pilier essentiel : si on m'avait tout donné sur un plateau, j'aurais obtenu des résultats plus rapidement, c'est vrai, mais je n'aurais pas cette richesse qui se trouve dans mon parcours, mes erreurs, mes souffrances.
Or, je veux apprendre à mon tour à mes clientes comment vivre confortablement de leur activité en ligne.

Pour ça, il fallait donc que j'expérimente, que je sache ce qu'il faut ou ne faut pas faire et surtout pourquoi.

Qui de mieux que quelqu'un qui a vécu et transcendé une situation pour en parler et donner des conseils, n'est-ce pas ?

Ne vous rendez pas malade avec une « perfectionnite aiguë », ce ne sera jamais parfait de toute façon ! Et lancez-vous !

Quand vient un moment de doute, d'illégitimité, de limitation, de comparaison, n'oubliez jamais : votre histoire de vie, vos souffrances transcendées SONT UNIQUES.

Votre mission, votre don, votre talent sont uniques, votre vision l'est également.
Personne d'autre ne peut avoir vos mots, votre façon d'expliquer, d'accompagner, de comprendre.
Vous êtes un être unique, comme l'est l'empreinte que vous laissez dans le monde.
Osez prendre votre place, celle qui est taillée juste pour vous.
Brillez et osez faire de votre histoire un impact planétaire sans AUCUNE LIMITE !

5

Ayez une P***** de vision !

Votre image d'entreprise

▶ **Comment obtenir un but sans vision claire ?**

> ***La direction que vous prenez est bien plus importante et vitale que votre vitesse. Beaucoup vont très vite... mais nulle part.***

En tant qu'entrepreneure, vous avez besoin d'une vision claire pour rester alignée à votre socle, atteindre vos objectifs, vos ambitions et élever la marque de votre business.

Il ne s'agit pas seulement de visuels (choisir les bonnes couleurs pour votre logo et quelques photos de vous), mais de véhiculer un MESSAGE fort, de nourrir une vision claire pour vous démarquer par une identité puissante et authentique.

Il s'agit de faire de votre entreprise une résonance évidente pour votre client idéal.

▶ **Comment pensez-vous mettre en valeur votre image d'entreprise ?**

La réussite d'une entreprise ne relève pas seulement de sa bonne gestion ou de la qualité de ses prestations. Elle passe aussi par un pilier essentiel qui ne s'inscrit ni dans les cahiers des charges, ni dans votre business plan, ni dans le montant de votre compte en banque : **les valeurs !**

Ce qui lie une entreprise à succès à ses clients, ce sont leurs valeurs communes. C'est à ces valeurs que vos clientes vont se connecter, s'identifier. Elles se doivent donc d'être en adéquation avec vous, mais aussi avec vos intentions entrepreneuriales et vos objectifs !

Les valeurs de l'entreprise reflètent la vision de son dirigeant. Des entreprises comme Apple et Coca-Cola communiquent régulièrement autour de leurs valeurs d'entreprise et c'est exactement pour ces valeurs qu'ils sont numéro 1 au sein de leur marché.

Vos valeurs d'entreprise

Les valeurs d'une entreprise : en quoi est-ce important ?

Parce que les valeurs d'une entreprise représentent la vision de son dirigeant, elles lui permettent de fixer des objectifs et de prendre les bonnes décisions au quotidien.

Imaginez-vous recevoir une proposition de partenariat qui ne serait pas en adéquation avec vos valeurs.
Je vous recommande vivement de la refuser, car aussi alléchante soit-elle au premier abord, vous allez avec le temps vous retrouver régulièrement en conflit de valeurs. Vous allez devoir sans cesse justifier, expliquer, contrer... C'est épuisant et ça bouffe votre énergie !
Vous avez plutôt besoin de fluidité, et il faut que ce soit agréable pour obtenir une bonne énergie de co-création.

Les valeurs d'entreprise permettent donc de se positionner sur son marché et de se démarquer de la concurrence. Elles attirent et fidélisent une clientèle qui y adhère.

▶ **Faites une enquête d'introspection pour vous aider dans cette étape :**

- Quels sont vos principes et valeurs fondatrices en tant que personne ?

....

....

....

....

....

....

- Quelles sont vos priorités en tant que chef d'entreprise dans votre contribution et dans vos accompagnements ?

....

....

....

....

....

....

- Quelle image voulez-vous renvoyer à votre clientèle ?

....

....

....

....

....

....

▪ Quelles sont les trois valeurs qui représentent votre entreprise ?

....

....

....

....

....

....

L'exemple du succès de Née pour impacter

- **Voici les cinq valeurs piliers du succès de mon entreprise :**

1. Je n'essaie pas d'être une femme à succès, mais une femme de valeur.

2. Je ne fais pas de promesse « pute à clics », du genre « Passez de 0 à 10 000 euros en deux mois ! ».
Comment peut-on faire cette promesse sachant pertinemment que tous nos clients n'obtiendront pas ces résultats (qui dépendent de leur parcours, leur implication...) ?

3. Être une femme engagée : je dis ce que je fais et je fais ce que je dis.

4. Essayer n'existe pas. Je vais au bout de tout ce que j'entreprends.

5. Notre seule limite se trouve dans notre tête : je cherche toujours à me dépasser, car rien n'est inaccessible.

Votre mentalité d'entreprise

Lorsque j'ai décidé de créer ma société *Née pour impacter*, j'ai commencé par travailler sur mon branding personnel (pour me différencier) en m'obligeant à y inclure mes valeurs.

J'ai choisi la boxe comme guide pour représenter les valeurs puissantes nécessaires à la réussite d'un entrepreneur. ***Un esprit sportif doit gagner en toute humilité et perdre sans en vouloir au monde entier.***

Souvent, la boxe est associée à une image négative, mais si nous prenons le temps d'observer les valeurs de ce sport, nous voyons les choses sous un nouveau jour. Certaines sont reprises dans le livre *Réfléchissez et devenez riche* de Napoleon Hill, une référence du développement personnel.

La vision d'une entreprise est complètement liée à la mentalité de l'entrepreneur et son état d'esprit de vainqueur.

Les 7 piliers d'une entreprise prospère

▶ **État d'esprit 1 : Step by step**

Dans la boxe, rien n'est dû au hasard, vous combattez dans la catégorie « poids plume » ou « poids lourd ». On ne se lance pas quand on veut : il y a des étapes à respecter avant de monter sur un ring en compétition.

Apprenez à monter les marches une à une, ne cherchez pas à aller plus vite que la musique, car vous devez, en premier lieu, construire des bases solides pour votre business.
Rappelez-vous des étapes : pourquoi profond / zone d'expertise / client idéal / message / offre irrésistible / visibilité.

▶ **État d'esprit 2 : Déterminer le but**

Comment atteindre un but que l'on ne connaît pas ?
Déterminer le but à atteindre est le point de départ de toute réalisation. Sans un but et sans un plan avec des objectifs précis à atteindre, aucune réussite n'est possible.
Votre but doit être Spécifique, Mesurable, Atteignable, Réaliste et Temporellement défini (S.M.A.R.T).

Écrivez votre plan et lisez-le à voix haute.

Je vous conseille fortement de l'afficher dans votre chambre afin de visualiser votre objectif chaque soir avant de vous endormir et chaque matin en vous levant pour agir dans la bonne direction. En plus, le cerveau ne fait pas de différence entre le rêve et le réel, donc pendant la nuit il fera le job pour vous aider dans vos objectifs.

C'est comme un boxeur : il visualise pendant plusieurs semaines la réussite de son combat à venir, il imagine chaque pas, chaque geste. Il crée son propre match en fictif avant de le vivre dans le réel !

▶ État d'esprit 3 : Restez focus

Diriger toute votre attention sur ce qui compte en restant alignée à votre âme et votre cœur garantit l'efficacité. Si vous vous éparpillez, vos résultats s'en ressentiront.
Restez concentrée sur un gros projet à la fois.
Ne vous laissez pas disperser par l'avis des autres, par l'objet brillant ou par une nouvelle idée sans même avoir fini ce projet.
Mettez votre téléphone en mode avion ou apprenez à vous déconnecter des applications et des notifications quand vous avez des séances de travail intenses.

▶ État d'esprit 4 : Persévérance

Durant toute sa carrière, un boxeur prend des centaines de coups, perd des dizaines de matchs, mais il n'abandonne jamais. Même lors d'un K.O., coup fatal qui peut même être mortel, pensez-vous qu'il arrête sa carrière ?
Non, il remonte sur le ring au match suivant en ayant appris de ses erreurs.

Vous allez échouer mille fois, félicitez-vous, c'est la preuve que vous osez sortir de votre zone de confort !

La persévérance est ce qui fait la différence entre le succès et l'échec.

▶ **État d'esprit 5 : Action !**

Les entrepreneurs déterminés ne demandent pas la permission, mais agissent pour leur mission.

Pensez-vous qu'un boxeur reste planté sur ses pieds quand retentit le gong de départ du combat ? Prend-il des coups sans réagir ? Est-ce qu'il choisit ses adversaires pour être certain de gagner ?

Même si votre objectif principal est encore mal défini, ne restez pas à procrastiner, agissez !
La procrastination est l'ennemi de la réussite.

Dépassez votre perfectionnite aiguë qui vous empêche d'agir. À trop réfléchir, on se laisse paralyser par ses peurs, ses doutes et ses pensées.

Vous seule avez le doigt sur le bouton START.

▶ **État d'esprit 6 : Avoir la foi**

Ayez une foi inébranlable en vos rêves et en vos réussites pour dépasser vos doutes intérieurs et libérer votre mental de toutes ses croyances limitantes.

L'Univers, Dieu, l'abondance, l'attraction agissent pour VOUS, uniquement si vos vibrations, pensées et actions sont alignées entre elles, cohérentes les unes avec les autres et positives.

Ce message qui vibre dans vos tripes depuis des années peut aider des millions de personnes dans le monde. Lorsque vous ne croyez pas en vous, que vous vous limitez, en restant dans l'ombre, vous privez le monde de vos dons, de vos talents et de votre expertise.

Devenez l'héroïne de votre vie !

▶ **État d'esprit 7 : Authenticité**

L'authenticité est ta meilleure campagne marketing.

Une des valeurs que je prône, c'est l'importance de rester authentique et d'oser affirmer sa différence.

Ton identité profonde ne peut être copiée par d'autres, car tu restes sur ton socle, alignée sur tes richesses intérieures et tes valeurs.

Notre personnalité est la somme de nos traits de caractère (nos parts d'ombre comme de lumière) et de notre histoire de vie. C'est ce qui nous distingue les uns des autres mentalement, spirituellement et physiquement.

Un boxeur se met à nu pour défendre sa place, il ne joue pas un rôle, il ne porte pas de masque, il est dans le présent, tout de suite et maintenant.

Peu importe les choix et actions que tu feras, tu seras de toute façon aimée par certains et détestée par d'autres. Cela ne signifie pas que tu dois être quelqu'un d'autre et encore moins succomber au :

> « *Je veux plaire à tout le monde, je vais avoir un message lisse et généraliste pour n'exclure personne et ne surtout pas déranger* ».

Non, car parler à tout le monde, c'est ne parler à personne...

Mon conseil *: **soyez pleinement vous, dans votre intégrité et votre unicité. C'est comme cela que vous pourrez faire une différence et être reconnue comme une experte dans votre domaine.***

6

Autorisez-vous à rêver grand

Ne vous fixez aucune limite!

S*i un plan échoue, changez de plan, mais pas d'objectif.*

Comme je me trouvais nulle en écriture et en orthographe, j'ai décidé de faire appel à un auteur pour transmettre mon histoire. Mais les délais étaient trop longs et les tests d'écriture n'était pas dans mon énergie « Je voulais un livre qui me ressemble, simple, cash, direct » et tout ce qu'on me proposait était lissé pour correspondre à un maximum de lecteurs. Hors de question, alors je me suis donc mise à écrire tout ce qui me passait par la tête et en deux mois (en plus de mon activité), j'ai écrit 200 pages.
Honnêtement, je me demande encore comme j'ai pu réaliser cet exploit, non sans mal.

Je vois beaucoup de femmes qui ne s'autorisent pas à écrire aussi leur histoire. Elles pensent :

« Qui suis-je pour écrire un livre ? D'autres livres existent déjà sur le sujet, je ne suis pas auteure, ça ne va intéresser personne, je vais être jugée par des professionnels, ce n'est pas pour moi ! ».

Vous savez, si j'avais attendu d'être douée en orthographe, si j'avais attendu que le livre soit parfait pour le faire lire et si j'avais attendu de trouver le titre exact pour en parler, vous ne le tiendriez pas aujourd'hui entre vos mains.

Oui, d'autres personnes sont plus douées que moi pour transmettre par l'écriture. C'est bien pour cela que je me suis entourée. Et oui, il existe mille livres sur le même sujet, mais un seul l'explique avec mes mots, mon énergie.
Je ne me prends pas pour une thérapeute, loin de là, mais j'ai vécu des traumatismes, j'ai souffert et j'ai transcendé tout cela. Ne suis-je donc pas légitime pour en parler ?

Entre nous : les fautes, ça se corrige, alors qu'un message, ça se porte !

Votre histoire peut marquer des générations, changer des vies et poser votre empreinte indélébile dans le monde. Je suis persuadée que lorsqu'on écrit avec le cœur, avec des mots simples, ce n'est jamais raté.

Je n'ai pas écrit ce livre pour obtenir le prix Goncourt. Je n'ai attendu aucune validation extérieure pour me lancer en bloquant plusieurs journées d'avance dans mon agenda.
Je me suis installée dans mon salon, en mode cocooning, avec de grosses chaussettes d'hiver, un thé chaud et une bougie.

J'ai pris ma plume en écrivant tout ce qui venait de mon cœur, tous les messages puissants que je voulais vous transmettre avec un seul objectif en tête : si, grâce à mon livre, j'aide au moins une femme à améliorer sa vie et à oser prendre sa place, j'ai tout gagné, j'ai rempli ma mission.

Bien entendu, cela a été difficile, je l'ai relu mille fois. J'avais sans cesse de nouvelles idées, des passages à corriger, à enlever, car j'écrivais dans le ressenti du moment et comme vous le savez, tout change émotionnellement selon ce qui nous entoure ou nous traverse.

Ensuite, je me suis lancée :

J'ai choisi trois clientes et quatre inconnues pour avoir leur avis, avec pour seule directive « 100 % honnête ».
Que vont-elles ressentir ? En penser ? Est-ce que j'ai su transmettre émotionnellement tout ce que je vis au fond de moi ? J'étais prête à tout entendre, car la critique est toujours constructive.

Ce fut une expérience riche en émotions d'oser partager ma vie, moi la femme sensible, cachée derrière cette apparence imposante. Mais je voulais être sincère avec vous et vous faire entrer dans mon intimité comme de véritables amies, et non comme des clientes ou des likes Facebook qui ne gonflent en réalité que notre ego.

J'espère réussir à créer une relation forte entre nous, car j'ai vécu cette écriture comme un véritable accouchement avec les douleurs physiques que cela implique.
Cela m'a coûté de me replonger dans mon passé et d'as-

sumer mon histoire... Mais je ne l'ai pas fait pour moi toute seule, mais pour vous qui lisez chacune de mes blessures, de mes emmerdes, de mes réussites et de mes fiertés.

Je ne vous parle même pas de mon impatience à le voir naître, mon excitation à la pensée de toutes ces personnes qui allaient le tenir dans leur main et me dire en retour que mon livre leur donne l'élan pour devenir les héroïnes de leur vie.

> ***Absolument tout est possible et réalisable, lorsque l'on se met à l'écoute de son cœur et de son intuition. Vous voulez écrire votre histoire ou faire des conférences ?***

Alors, écoutez votre cœur, mettez votre cerveau sceptique en off et faites le tout premier pas. Agissez maintenant ! Oui, là, maintenant...

Allez, vous reviendrez à ce livre plus tard, choisissez une action tout de suite !

Jetez vos p***** d'excuses à la poubelle !

> ***Les excuses vous paralysent et vous empêchent de réussir. La femme qui veut réaliser un projet trouve un moyen, celle qui se place en victime trouvera toujours une putain d'excuse.***

Ne focalisez pas votre attention sur le manque, mais sur les solutions, sur ce que vous désirez pour modifier votre état d'esprit et attirer à vous les opportunités, comme un aimant.

Nous cherchons constamment à justifier notre échec en trouvant un coupable ou une cause extérieure :

> *« Oui, mais tu sais, Aurélie, la conjoncture n'est pas bonne actuellement. »*

> *« Il y a la taxe d'habitation ce mois-ci, les gens n'ont pas d'argent. »*

> *« C'est Noël, personne n'investit. On pense uniquement aux cadeaux. »*

> *« Pendant les grandes vacances scolaires, mon chiffre d'affaires chute, mais c'est normal, car les gens partent en vacances. »*

Ah tiens, j'en profite pour appuyer un peu plus sur ce point...

Je ne connais personne qui parte en vacances pendant deux mois, vous pouvez donc continuer à vous rendre visible.

Un changement opéré aujourd'hui donnera des résultats dans 3 mois, 5 mois... alors, pourquoi être dans cette attente permanente ?

Dès qu'une cliente, une lecture, un dicton ou un post sur les réseaux me donne une inspiration, j'agis dans la seconde en publiant un article, un post ou une story. Je fais une story par jour sur Instagram ou Facebook.

Certes, quand me vient l'inspiration, je suis parfois mal coiffée, dans un lieu bruyant, je n'ai pas forcément les bons mots, mais ce qui est fait n'est plus à faire.

Le principal pour moi pour agir sans me trouver des excuses, c'est :

- l'authenticité de l'instant présent ;
- le message que je désire transmettre aujourd'hui et pas dans trois mois.

Un passage à l'action instantané vous évite de laisser place à votre mental et à ce petit rat intérieur qui saura bien vous dissuader d'agir, car il préfère la procrastination et la zone de confort à l'action.

Est-ce que vous vous dites ces phrases :

> *« Je ne sais pas si ce que je vais dire va intéresser réellement les gens. »*

> *« Tout le monde connaît déjà ce que je vais dire, d'autres l'ont dit avant moi. »*

Stop ! Goooooooooo ! Vous n'êtes pas les autres, vous n'avez ni la même histoire, ni les mêmes idées, ni les mêmes valeurs et vous allez parler avec votre propre énergie.

Souvent, en message privé, après mes posts ou stories, on me dit :
– *Merci de ce rappel qui arrive au bon moment et qui me pousse à me bouger le popotin.*

Je n'ai pas inventé l'eau chaude non plus, je suis comme vous, pas plus intelligente, mais **j'agis dans le « tout de suite et maintenant ».**

Donc si je reste sur l'idée émise plus haut : les gens n'ont pas d'argent le reste de l'année pour investir dans vos services, mais en été, tout redevient possible pour leurs vacances au soleil ?
Une personne qui préfère investir dans ses vacances plutôt que de travailler sur elle pour aller mieux n'est clairement pas votre client idéal.

Passons à la réalité. Certaines de mes clientes, des amies entrepreneures et moi-même avons autant de chiffre d'affaires en été que le reste de l'année, vous savez pourquoi ?

Parce qu'on ne se conforte pas dans des excuses ou de fausses croyances.
On reste focus et on garde la même constance que le reste de l'année au niveau de notre visibilité, tandis que la plupart de nos concurrents ralentissent le rythme. Et c'est justement parce que tout le monde ralentit que je suis toujours visible et qu'on achète mes services.

Et cassez définitivement cette croyance : savez-vous que les personnes déterminées à changer leur vie ou leur business ont justement plus de temps pendant cette période de vacances pour mettre en place de nouvelles actions et notamment embaucher un coach pour être prêtes pour la rentrée ?

À force de vous convaincre de ces croyances, vous finissez par agir exactement en direction de cette fausse idée et vos résultats en découlent.

La faute à pas de chance, la faute de la saison, ou la faute des autres ? Et hop, vous vous déchargez de votre responsabilité. C'est pourtant à vous de décider quelle réalité vous allez créer: soit en vous focalisant sur les aspects positifs et sur votre foi inébranlable en votre potentiel, soit en écoutant les défaitistes et votre mental envahissant.

Vous devez avoir la foi. Plus vous utilisez la foi, plus votre muscle de la foi sera fort et performant.
Ne faites pas attention à ceux qui essaieront de vous détourner de vos convictions et de vos objectifs, vous tracerez votre route *vers l'infini et au-delà* comme Buzz l'éclair.

> ***Enfin, il n'y a pas de vent favorable à celle qui ne sait pas où elle va.***

Malheureusement, lorsqu'il s'agit d'ambitions, de rêves, je trouve que les femmes ont tendance à s'oublier ou à rêver petit.

Et si vous décidiez de vivre à fond chacune de ces nouvelles journées qui s'offre à vous en arrêtant de vous limiter avec des fausses excuses qui vous arrangent bien et vous gardent dans votre zone de confort ?

Ben oui, si je ne réussis pas aujourd'hui c'est parce que...

– *Mon conjoint ne me soutient pas.*
– *Je ne suis pas une commerciale dans l'âme.*
– *Je ne sais pas créer de beaux visuels donc ça me bloque.*
– *Je ne suis pas douée en technique donc je ne peux pas réussir…*

Et bla, bla, bla...

Je crois au plus profond de mon cœur que chaque être humain a une envie de contribution et de liberté. Tout ce que vous n'avez pas encore aujourd'hui dans votre vie vient des croyances que vous seule avez construites pierre après pierre.

Vous en doutez ?

Alors, pourquoi existe-t-il des jeux paralympiques ? Et nous qui avons toutes nos capacités, combien d'excuses se trouve-t-on pour ne pas faire de sport ?

Et si vous commenciez à dessiner dans le concret votre vie de rêve ? Votre rêve ! Pas celui de votre mari, de vos enfants, de vos parents... Mais votre propre réalité.

Acceptez que l'endroit où vous vous trouvez aujourd'hui soit exactement le bon pour accomplir votre grande vision.

Lors des premiers échanges avec mes clientes, je leur demande quel est leur objectif financier. La plupart du temps, elles me parlent d'un salaire au SMIC horaire. Et leur plus grand rêve ?
– *Euh, je sais pas... Que mes enfants soient heureux et ne manquent de rien.*
– *OK, d'accord, mais toi en tant que femme et individu à part entière ?*

– Je ne sais pas. Je ne me suis jamais posé cette question...

Eh bien, la question, je vous la pose ! En tant que femme et individu à part entière, quelle est votre vision, votre plus grand rêve ?

....

....

....

....

....

....

....

....

....

....

....

....

....

....

....

....

....

....

....

....

....

....

....

....

....

Si c'est difficile pour vous de trouver la réponse, je vais vous proposer un exercice.

▶ L'exercice de la lettre de gratitude à mon enfant intérieur

Regardez la date du jour, installez-vous dans un lieu cocooning et calme et prenez trois grandes respirations. Commencez à écrire une lettre datée d'un an plus tard et racontez à cette petite fille rêveuse tout ce que vous avez vécu de fabuleux cette année :
vos voyages, vos clients, les réussites de votre famille, votre chiffre d'affaires...
Tout ce dont vous rêvez, mais qui sommeille en vous à cause des brides que l'on se met en grandissant, des nombreux coups durs que l'on s'est pris et des « il faut que ».

Au début, l'exercice peut paraître compliqué, mais petit à petit les idées arrivent et le stylo court sur le papier jusqu'à faire apparaître un magnifique tableau de réussite, de joie et d'amour.

Voilà votre rêve. Vous avez désormais une vision claire de vos objectifs, et la vision nécessaire pour avancer dans la bonne direction.

Clarifiez votre but

C'est exactement comme aller de Paris à Marseille sans GPS. Vous finirez bien par arriver à destination, mais combien de temps allez-vous perdre ? Combien d'argent ? Combien d'énergie allez-vous dépenser si vous partez sans plan ?

Le mieux est d'avoir des objectifs clairs, mais également un plan d'action avec les étapes nécessaires pour les atteindre. **Ils ne doivent pas être définis en fonction de vos peurs, de vos croyances ou d'un avis extérieur, mais toujours dirigés vers votre rêve.**

▶ Étude de cas

Imaginons que vous voulez écrire trois articles de blog. Les étapes pour y parvenir sont les suivantes :

- écrire les idées directrices en vrac ;
- les classer par thématiques ;
- trouver une correctrice ;
- relire l'article en mode SEO et travailler le référencement naturel.

Où est-ce que je me trouve maintenant ?
J'ai écrit mes articles, mais ils me semblent pauvres en références.

Quelle doit être ma première action ?
Faire des recherches et de la veille pour illustrer mes idées par des statistiques.

▶ Méthodologie

Une fois que l'objectif est défini :

1) Notez-le sur un post-it à déplacer chaque semaine pour l'avoir constamment sous les yeux et pouvoir rectifier le tir

en cas de retard. Tous les jours, visualisez l'objectif ainsi que la part émotionnelle du pourquoi :

Pourquoi est-ce important pour moi de l'obtenir ? Qu'est-ce que ça va changer dans ma vie ? Dans mon entreprise ?

2) Affichez-le en grand sous forme d'une phrase écrite ou d'un vision board. Le vision board est un tableau de visualisation, avec photos, images et citations inspirantes qui illustrent parfaitement un ou deux objectifs qui nous tiennent réellement à cœur.

Choisissez tous ces visuels avec la plus grande attention afin qu'ils suscitent instantanément en vous des émotions assez fortes pour créer l'élan de motivation dont vous avez besoin pour franchir les étapes clés de votre plan d'action.

Prenez soin de l'afficher dans un endroit visible :
dans votre chambre face à votre lit, comme fond d'écran de votre ordinateur ou de votre téléphone, dans votre entrée, afin qu'il joue à la perfection son rôle de motivateur. L'objectif est de pouvoir le voir en un coup d'œil.

Vous allez le vivre pleinement en passant tous les jours devant. Pour vous en imprégner encore plus, visualisez-le le soir en vous couchant ou le matin pour démarrer une journée pleine d'énergie, d'ondes positives liées à ce que vous désirez manifester : gratitude, paix intérieure, joie, excitation.

À l'inverse, si vous êtes trop souvent connectée à l'incertitude, à la peur, au manque, c'est exactement ce que vous allez créer encore et encore dans votre réalité.

Dans le moment présent, cherchez l'action alignée à poser aujourd'hui pour avancer en direction de vos rêves.

Lorsque l'on met notre focus sur un seul projet, l'esprit suggère constamment des idées, des pépites qui lui échapperaient s'il était occupé par plusieurs projets en même temps.

Posez une réelle intention

Le seul moyen de prévoir le futur, c'est de le créer maintenant, car entre le rêve et la réalité, il n'y a qu'un pas : l'action. Alors, ne parlez pas sans cesse de vos rêves aux gens, mais montrez-leur ce dont vous êtes capable.

Que souhaitez-vous réellement au plus profond de votre être ? Vous êtes-vous déjà posé cette question simple, mais essentielle pour votre bien-être ?

Oui, on sait râler, se plaindre sur ce que l'on n'a pas, pester... Mais avez-vous déjà posé une réelle demande, une véritable intention à l'Univers ?

Par exemple :
– *Je veux vivre de mon activité et gagner plus que l'année dernière.*

Oui, mais que signifie vivre de mon activité ? Gagner plus ? Un euro de plus, ça vous convient ? 500 euros mensuels, 10 000 euros ? Pouvoir voyager ?

Exemple :

– *Je gagne plus de 5 000 euros par mois et je voyage plus de trois fois par an dans des pays avec de magnifiques plages de sable. J'ai des clientes mamans en manque de confiance en elles depuis leur accouchement : elles s'engagent à 100 % et appliquent mes enseignements, ce qui leur permet d'aimer de nouveau leur corps, de reprendre le sport, d'oser s'affirmer.*

Si votre demande à l'Univers est : « *Je veux avoir plus de clients* », analysons cela.

Admettons que l'Univers dise « D'accord ». Mais il peut très bien penser que vous demandez seulement deux clients de plus par an...

– *Ah non, Aurélie, minimum 10 clients par mois. Des clients qui me correspondent au niveau des valeurs et de l'engagement dans l'accompagnement.*

Ah voilà, là on commence à affiner la demande !

Vous savez, c'est exactement comme avec le génie d'Aladdin et sa lampe magique. Mais pour que ça puisse fonctionner dans la réalité, faut-il encore faire un souhait précis et clair dans un premier temps et puis **passer à l'action** .

Au fond de vous, vous avez toujours su que quelque chose de plus grand vous attendait, mais tant que vous procrastinez jusqu'à ce que le moment parfait ou l'idée idéale arrive, vous êtes juste en train d'étouffer la flamme qui brûle en vous et qui ne désire qu'une chose : JAILLIR au grand jour.

Vous sentez que vous pouvez accomplir tellement plus que ce que vous avez accompli jusque-là ?

Alors qu'attendez-vous ?

Vibrez sans limites

> ***Ne vous concentrez pas uniquement sur le haut de la montagne, sur le grand objectif à atteindre, mais sur toutes les marches du processus. Appréciez la beauté du parcours et chaque pas pour augmenter votre confiance en vous.***

Sur quelle fréquence vibrez-vous quand vous agissez, quand vous demandez, et quand vous espérez ?

Ne vous limitez pas dans vos objectifs, souvenez-vous de la fameuse phrase d'Oscar Wilde :

« Il faut toujours viser la lune, car même en cas d'échec, on atterrit dans les étoiles ».

Mais attention, chaque nouvel objectif nécessite une nouvelle stratégie à appliquer durant quatre mois minimum pour la valider ou non.

Oui, j'ai déjà entendu la phrase suivante :

– Je ne fais plus de sondage, ça ne marche pas.
– D'accord, combien en as-tu fait ?
– Un.
– Savez-vous que sur 100 personnes abonnées sur vos réseaux, seulement une personne a vu passer le sondage à cause des algorithmes ?
Gloups.

Si vous avez testé une chose et que vous avez l'impression qu'il n'y a pas eu d'intérêt, prenez le temps de vous poser et de vous demander :

- Est-ce que le titre était assez impactant ?
- Est-ce que l'heure de diffusion était propice aux réponses ?
- Est-ce que ma question était simple et claire ?
- Est-ce que ma photo a su éveiller la curiosité ?
- Est-ce que j'ai suffisamment testé pour conclure que ça ne fonctionne pas ?

De nombreux paramètres peuvent entrer en compte, voici pourquoi je vous recommande fortement d'essayer mille fois avant de dire que ça ne fonctionne pas.

C'est exactement comme vouloir préparer une mayonnaise parfaite. Si vous tentez mille recettes différentes en concluant à chaque essai qu'elle n'est pas à votre goût, vous perdez votre temps et votre énergie.
Mieux vaut essayer mille fois la même mayonnaise en l'améliorant et en ajustant les ingrédients petit à petit, jusqu'à trouver la recette parfaite.

Allez hop, à vos mayonnaises !

7
Aider VS Sauver

Stop à la sauveuse qui sommeille en vous !

J'ai eu une « cliente déclic » pour arrêter de jouer les sauveuses de l'univers entier et de porter le monde sur mon petit dos.

Lors de notre premier échange, elle m'a expliqué qu'elle avait déjà accumulé des formations et des heures de coachings, pour selon moi, combler son syndrome de l'imposteur et son manque de confiance en elle.
Au fil de l'accompagnement, j'ai compris qu'elle était en mode « **boulimique de formations et anorexique d'actions** ».
De plus, ses demandes allaient à l'encontre de tout ce que j'avais mis en place pour un bon accompagnement.

Ce que je n'avais pas compris à l'époque, c'est qu'il est nécessaire de bien analyser la personne à accompagner, car entre les paroles et les actes, il existe un fossé.
Sa détermination et sa personnalité de femme sûre d'elle lors de notre premier échange étaient bien loin de la réalité...

Je m'explique. Il existe deux grands types de clientes:

1) Celle qui veut être sauvée

Cette cliente espère une baguette magique et n'applique pas les conseils ou seulement à moitié (parce que ses amies lui en donnent d'autres). Elle veut abandonner à la moindre difficulté et elle accumule des tonnes de connaissances sans rien en faire ou en voulant faire un rond de votre carré.

C'est votre rôle de détecter cette cliente pour lui faire prendre conscience de sa part de responsabilité dans l'accompagnement:

a) pour ne pas tuer votre énergie et votre temps;

b) pour éviter que cette cliente ne se conforte dans son rôle de victime et dans l'idée que « votre accompagnement n'est pas bon ».

2) Celle qui souhaite réellement être aidée

Elle a conscience de sa problématique et elle est prête à s'investir autant financièrement que mentalement ou énergétiquement pour atteindre son objectif.
Elle fait confiance à son mentor pour la faire rayonner vers ses ambitions, elle applique vos conseils tout en prenant ses responsabilités.

Pour en revenir à ma « cliente déclic », plus les semaines passaient, plus je me sentais frustrée devant son manque d'implication. Je l'ai très mal vécu, car je me devais de faire réussir absolument et coûte que coûte toutes mes clientes. Mais je me mentais à moi-même. Je me mettais la pression et prenais sur moi la responsabilité à la place de cette cliente qui n'avait pas les résultats escomptés, alors que les autres avançaient.

Dans ma tête, je ruminais en boucle:

> *« Attendez, je ne comprends pas... Moi j'ai réussi, mes autres clientes aussi. Je lui donne absolument tous les conseils et stratégies nécessaires pour réussir et elle stagne... Mais j'ai loupé quelque chose, là ! »*

J'y pensais jour et nuit. Je lui envoyais des messages pour lui donner toujours plus, je la maternais, la poussais et... je m'épuisais. Je le vivais comme un échec personnel, je prenais les choses à cœur.
Pour moi, femme battante et déterminée, qui n'abandonne jamais, c'était inconcevable d'en rester là.

Jusqu'au jour où j'ai pris conscience que cela m'affectait physiquement et mentalement.
Alors, j'ai décidé de relire tous nos échanges, son bilan de départ, de regarder nos vidéos, ses réseaux, et là, BIM, j'ai eu un éclair de lucidité !

Avant notre accompagnement, elle avait peu de résultats. Son message et sa communication étaient généralistes, elle faisait comme ses concurrentes. Elle survolait la description et la connaissance de son client, elle n'avait pas de visibilité en ligne, ne faisait ni vidéos ni conférences.

J'ai pris le temps de regarder point par point tout ce que je lui avais apporté et là, je me suis libérée.
Elle appliquait sur ses réseaux à peine la moitié, voire le quart de mes conseils précieux qui m'avaient permis de réussir.
Par exemple, elle proposait des ateliers à 10 euros au sein de son cabinet tout en espérant que la proposition de ses accompagnements à 1 500 euros serait fluide.
Elle faisait preuve d'un manque de cohérence total, malgré mes nombreuses mises en garde...

En tant qu'accompagnateurs, nous donnons des conseils, parfois fermes. Néanmoins, **c'est la cliente qui fait le choix final : c'est sa vie, son entreprise.**

Oufff, j'étais soulagée par cette prise de conscience !

Avec ma sensibilité et mon grand cœur de sauveuse, je voulais changer la vie des autres, je pensais que c'était ma mission, mais je me trompais : mon rôle est de transmettre le meilleur de moi et de mes connaissances, mais surtout pas de faire à la place de ma cliente.

Je portais ce poids sur mes épaules et j'en perdais mon énergie, alors que d'autres clientes, elles, avaient l'envie et passaient à l'action.

Cette expérience m'a paru négative sur le moment, mais aujourd'hui je suis parfaitement alignée pour dire non aux personnes qui ne sont pas mes clientes idéales, car je me suis ancrée petit à petit dans mon socle, alignée dans ma vision.

Je donne 1 000 % de mon énergie et de mes connaissances

mais je me détache de ce que la personne décidera d'en faire. Alors là, oui, tout est juste, tout est parfait.

Un devoir de transmission

Je savais que j'aurais encore besoin d'une piqûre de rappel, d'une confirmation pour me détacher de cette responsabilité, alors j'ai décidé ensuite de discuter avec des mentors, des coachs business, des coachs dans diverses thématiques. Ils m'ont répondu la même chose :

> « *Tu as un devoir de transmission, mais tu n'es pas responsable des choix, des actions ou non-actions de tes clientes. Sache que chacun a son rythme, certaines personnes vont obtenir des résultats dans les mois suivant l'accompagnement, le temps de digérer les informations, de les comprendre pour les appliquer avec plus d'aisance. C'est exactement comme à l'école, nous avons tous eu les mêmes connaissances via les mêmes enseignements, alors pourquoi certains réussissent et d'autres échouent ? Tout dépend ce que nous faisons de ce savoir.* »

BAM, deuxième confirmation unanime ! J'ai compris que je m'étais beaucoup trop impliquée et que je n'étais pas responsable.

Ce serait mentir que de vous dire que j'ai arrêté de me donner à 1 000 %, mais je sais dorénavant pour qui je le fais : des femmes impliquées dans leur réussite et responsables.

Ce jour-là, j'ai décidé d'affiner ma sélection d'entrée avec l'envoi d'un questionnaire de candidature.

Chacune de mes clientes a son importance, donc il me tient à cœur de rencontrer chacune individuellement lors d'une « séance Clarté & Vision » d'une heure offerte.
Je peux alors évaluer ses problématiques actuelles, ses ambitions, son parcours, son histoire, ses valeurs et ses attentes, avec des questions très précises selon mon ressenti sur la personne que j'ai en face de moi.

Si nous avons des valeurs communes et que mon accompagnement répond à ses attentes, alors je suis la bonne personne pour l'accompagner vers le succès de son entreprise.
Dans ce cas, je lui présente mon accompagnement haute couture personnalisé.

Dans mon accompagnement individuel, je ne me contente pas d'appliquer une stratégie et de la proposer à toutes mes clientes à la chaîne...
Ce qui fait ma force, c'est ma capacité à comprendre chaque personne et à lui proposer des solutions singulières et personnalisées.

Chaque femme est unique, chaque femme a droit à un service sur-mesure.

Retenez ces deux principes fondamentaux :

1) Oui, vous pouvez aider, contribuer, impacter, mais vous ne pouvez pas sauver le monde à votre détriment.

2) Vous n'êtes pas responsable des résultats de votre cliente.

Pour conclure, il faut absolument cesser de confondre « sauver » et « aider ».

La différence est fondamentale.

« Sauver », c'est pour une personne à la recherche d'une solution magique, qui va de formation en formation sans prendre le temps d'appliquer ce qu'elle apprend. Sauf que la vie ne fonctionne pas comme ça.
Et, entre nous, est-ce que notre petit dos peut soutenir toutes ses souffrances ?

« Aider », c'est pour une personne qui a une conscience de sa problématique et qui est prête à trouver une solution pour se sortir de cette situation.

Qui est votre cliente de cœur ?

On parle souvent de « client idéal », c'est la personne avec qui vous entrez en résonance de cœur et d'âme.
Ma cliente idéale est une femme déterminée et ambitieuse qui décide de prendre les rênes de sa vie pour ne plus la subir et qui ose faire rayonner son potentiel, son talent afin de transmettre son savoir à un maximum de personnes pour que leur vie se transforme.

Voici quelques questions à vous poser :

- Qui souhaité-je aider au plus profond de mon cœur et de mes tripes ?
- Qui est cette cliente avec qui tout est fluide et agréable ?

- Qui est cette femme qui est prête et engagée à changer ?
- Ai-je déjà rencontré cette femme ?

Vous allez enclencher le pouvoir de l'attraction lorsque vous aurez défini avec précision cette cliente de cœur.

Je ne vais pas entrer dans de longues explications sur le client idéal et l'offre, car vous trouverez une multitude d'éléments de réponses en ligne. Je préfère m'attarder sur la partie que l'on connaît moins, mais qui va faire toute la différence.
Le client est votre axe, le pilier de votre business, il est donc essentiel de le connaître sur le bout des doigts comme votre meilleur ami.

Votre mission est la suivante :

- comprendre ses peurs, ses problématiques, ses blocages et souffrances qui l'empêchent d'atteindre son objectif ;

- détecter les émotions qu'il ressent face à ces situations ;

- connaître ses loisirs, ses sorties ;

- savoir où le trouver en ligne ;

- découvrir son but, son rêve ultime ;

Afficher son portrait-robot face à votre bureau pour vous immerger à 100 % et penser à lui au quotidien. Ce sera plus facile de créer pour lui des posts, des vidéos...

Prenons un exemple. Pour Noël, dans notre famille, nous

effectuons un tirage au sort un mois avant, pour que chacun puisse avoir un cadeau, même les invités (ami d'un ami présent pour les fêtes, beau-frère du cousin germain, voisin sans famille, etc.), car c'est un moment de partage.

▶ **Voici le cas de figure n°1:**

Vous tombez sur une inconnue, l'amie de votre cousine. Votre réaction est la suivante:

> *« Aïe, que vais-je lui offrir ?*
> *C'est une femme, donc des bijoux... Oui, mais or ou argent ?*
> *Du maquillage... oui, mais quelles sont ses couleurs ?*
> *Un vêtement... rhaaa, mais quelle est sa taille ? »*

Bref, c'est le casse-tête et vous avez une chance sur deux que ça ne lui corresponde pas.

▶ **Voici le cas de figure n°2:**

Vous tombez sur votre meilleure amie. Votre réaction est la suivante:

> *« Yessss, jackpot ! Cela tombe bien, je sais qu'elle aime les sacs à main noirs, avec une anse pour avoir les mains libres et petits pour ses sorties en soirée, elle m'en a parlé dernièrement ».*

En plein dans le mille!

Eh bien, c'est ça l'alignement exact et parfait entre la connaissance de votre client idéal et la création de votre offre irrésistible.

D'ailleurs, si vous deviez offrir un cadeau à votre cliente idéale, vous la chouchouteriez comment ?

....

....

....

....

....

....

Je vais vous aider à ne pas tomber dans le piège du « Je vais là où j'imagine trouver plus de facilité, de clients, d'argent et de succès ».

Voici mon premier échange avec Stéphanie :
– *Qui veux-tu aider, Stéphanie ?*
– *Je veux aider les entrepreneurs, cadres, managers à reprendre leur vie en main.*
– *Tu es sûre de toi ? Pourquoi cette clientèle ? Pourquoi cette thématique ?*

Comme souvent, sa réponse est floue et ambiguë. Stéphanie finit par me dire :
– *Tu sais, Aurélie, aujourd'hui peu de gens investissent, eux au moins, ils auront de l'argent. Un particulier ne paiera pas plus de 60 euros de l'heure pour mes services.*

OK, je laisse ses croyances et ses peurs garder le dessus pour aller jusqu'au bout du processus et je continue. Je questionne, j'affirme,

je déconstruis en toute bienveillance et je pose mon diagnostic après une discussion en profondeur :
– Si je te dis que tu es un guide pour les femmes en perte de sens, qui ne savent pas pourquoi elles ressentent ce vide intérieur et qui se demandent pourquoi elles sont sur cette terre, si je te dis que ton rôle est de les aider à identifier leur mission de vie tout en acceptant leur don, ça te parle ?

Un silence, une larme, un frisson...
– Aurélie ça résonne fort en moi ce que tu me dis. Oui je me reconnais, oui je rêverais de ça, mais... Elles me paieront pour que je les aide et je ne sais pas si je suis légitime.
– Et puis, elles ne vont pas investir pour ça, si ?
– Non, mais c'est plus simple de me diriger sur les entrepreneurs, eux au moins, ils ont de l'argent !

Ah Ha !!! Le nombre de fois où j'ai entendu cette croyance, c'est dingue ! Non, ce n'est pas une histoire de particulier ou d'entrepreneur pour l'investissement, c'est une question de pri-o-ri-té !!!!

En pensant que les clientes idéales n'ont pas les finances pour votre accompagnement et qu'il vaut donc mieux se diriger vers une pseudo-sûreté, vous vous plantez carrément.

Premièrement, cela veut dire que vous pensez déjà à leur place, ce qui bloque d'ores et déjà l'abondance.
Vous allez perdre votre énergie et votre alignement entre votre mission de vie et votre client idéal à qui vous souhaitez apporter une transformation. Et au moindre coup de panique ou absence de résultats, vous allez vaciller et tout remettre en cause.

Comparons votre entreprise à un bateau: le port correspond à vos objectifs, la voile à votre stratégie. Ce n'est pas le bateau qu'il faut déconstruire quand vous n'atteignez pas le bon port, c'est la voile que vous devez déplacer de quelques centimètres.

Deuxièmement, si la cliente vous dit qu'elle n'a pas les finances, il y a deux possibilités:

1) soit c'est vrai et dans ce cas, c'est OK;

2) soit elle n'a pas compris la valeur ajoutée de votre offre et ne la place pas dans ses priorités du moment (elle préfère s'acheter un IPhone à 1 000 euros ou partir en vacances avec toute sa famille).

Tout est une question de priorité dans la vie, comme dans les affaires.

Repensez à vos derniers achats, parfois vous vous êtes dit: « Oh c'est cher! », vous avez juste vu un prix, car ce n'était pas une de vos priorités. Une autre fois, vous avez investi sans réellement vous préoccuper du prix.

En réalité, j'ai compris qu'une personne à qui l'accompagnement demande un effort financier est cent fois plus engagée. Combien de fois avez-vous laissé de côté un ebook gratuit? Ou renoncé à suivre un conseil offert?

Auriez-vous investi 1 000 euros dans du mieux-être?

Voilà pourquoi vous ne devez pas aller là où vous imaginez que ça fonctionnera mieux financièrement pour vous, mais là où votre cœur et votre intuition vous mènent !

8

Différenciez-vous pour marquer les esprits

Généraliste VS Spécialiste

Être ou ne pas être généraliste ? C'est une question récurrente.

Si vous souhaitez que votre vie et votre business soient fluides et agréables, arrêtez d'essayer de nager à contre-courant. Concentrez toute votre attention sur votre zone de génie, d'excellence, votre don, votre super pouvoir, bref donnez-lui le nom que vous voulez.

Lorsque j'accompagnais en étant généraliste, je suivais aussi bien des personnes du marketing de réseau, que des entrepreneurs dans le domaine du maquillage, de la perte de poids, de la beauté, etc. Puis j'ai fini par me spécialiser, non pas que je ne pouvais pas les aider, bien au contraire, je me différenciais de la masse de concurrents.
Mais il me manquait cette part de vibrations que je trouve dans l'histoire de vie de mes clientes actuelles, dans le fait

de transmettre un message qui a de l'impact et d'offrir un véritable accompagnement signature.

À cette époque, mon business tournait à 80% grâce à ces entrepreneurs de la vente directe et du marketing pyramidal. Quand j'ai décidé de me spécialiser pour m'aligner à mon pourquoi profond et à mon domaine d'expertise, je ne vous explique pas la gueule de mon compte en banque... Financièrement, je repartais quasiment de 0 alors que jusque-là, je vivais confortablement de mon activité.

J'ai dû changer ma communication, mon pitch, tout ce que j'avais mis en place et refuser les centaines de personnes à qui j'avais été recommandée... Mais j'ai tenu bon, car au fond de moi, j'étais convaincue de cette bonne décision.

Accepter de continuer aurait été la preuve que je n'avais pas assez foi en ma véritable mission de vie.
Dans ce cas-là, pourquoi l'Univers m'aiderait à trouver des clientes alignées à mon objectif ?

Souvenez-vous que vous devez définir un but unique, précis et aligné à votre grand pourquoi. Une fois que vous l'aurez atteint, vous pourrez étendre votre expertise à un autre domaine.

« J'agis comme ça, car j'aime tout faire et je ne veux pas me limiter » se convainquent les généralistes.
Arrêtons de nous mentir un instant, je suis certaine que vous avez une partie préférée dans vos accompagnements et d'autres qui vous gavent ou vous pompent votre énergie.
N'est-ce pas là l'expression de la peur d'avoir moins de clients ?

Imaginez-vous dans votre cuisine avec 36 casseroles sur le feu en même temps. Dix brûlent. Cinq ne sont pas cuites. C'est une cata...

Personnellement, j'ai la conviction qu'on ne peut pas être bon partout, mais qu'on peut exceller dans un domaine, en nous perfectionnant, en approfondissant nos connaissances au fur et à mesure du temps. Je suis même devenue **ceinture noire de création d'offres.**

Reprenons un exemple très concret:
Imaginez qu'un chirurgien cardiaque vous explique qu'il va pouvoir aussi réparer votre tendon et réaliser votre rhinoplastie.

Avez-vous confiance à 100%? Ou préférez-vous passer par un cardiologue spécialisé depuis plus de 20 ans et qui vous conseille des confrères pour vos autres opérations?

C'est aussi ça être professionnel: reconnaître ses limites pour renvoyer vers d'autres experts. Chacun son domaine.

Si vous souhaitez vous différencier, vous devez passer par la case spécialisation pour être reconnue comme la professionnelle à choisir.

Imaginons qu'en recherchant un thérapeute, vous tombiez sur cette présentation:

« Art-thérapie et psychothérapie relationnelle, pour adultes, enfants, adolescents. Séances en individuel et en groupe. Intervention en entreprises et institutions, ateliers mensuels de danse transformationnelle et art-thérapie, stages d'été à thèmes. Allègement du mental - Ancrage - Blocage énergétique - Centrage corps énergétique - Colonne de lumière - Élever son niveau vibratoire - Enfant intérieur - Éthique et initiés de lumière - Massage karmique - Méditation - Niveau vibratoire - Personnalité et énergie - Perte de poids - Pont d'amour - Purification et nettoyage énergétique - Arrêt du tabac - Reconversion professionnelle. »

Huuuuuu. Ça pique les yeux, non ?
Honnêtement, ça vous donne envie ? Un particulier va-t-il comprendre les tenants et aboutissants et la moindre signification de cette liste ?

On finit par ne même plus comprendre ce que fait la personne.

> ***En voulant parler à tout le monde de 7 à 77 ans, en réalité on ne touche personne dans le cœur, dans son émotionnel, dans sa réalité et ses souffrances.***

En version concrète : prenons l'image de la cafétéria.
Votre client se retrouve avec de la nourriture partout : entrées, plats, desserts. Il ne sait pas par où commencer et sur les plats proposés, seulement 2 sur 10 lui correspondent.

À votre avis, va-t-il revenir ? Va-t-il recommander cette cafétéria ?

Non, et ce n'est pas ce que vous voulez.
Vous souhaitez vraiment proposer de la qualité, dresser une

belle table d'hôtes afin que votre client s'installe, qu'il passe un moment inoubliable et qu'en repartant de chez vous, il en parle à tout le monde.

Là, c'est le jackpot ! Un client satisfait devient l'ambassadeur de votre marque.

Sortez du lot

Se spécialiser est la meilleure manière de sortir du lot. Demandez-vous en quoi votre business se différencie des autres pour donner envie aux prospects d'acheter vos services plutôt que d'autres.
Il faut que cela lui saute aux yeux comme un bouchon de champagne au réveillon.

Cela dit, vous pouvez avoir plein de compétences. Il suffit d'identifier votre fil conducteur pour créer votre spécialité, votre signature professionnelle.

Ne pensez pas non plus qu'on s'ennuie quand on se spécialise. Je suis une femme avec une grande soif d'apprendre, je m'intéresse à beaucoup de sujets autour du développement personnel que j'intègre petit à petit dans mes services et je ne m'ennuie pas, bien au contraire !

Chaque cliente a une histoire différente et moi je ne m'épuise pas à réaliser des tâches qui ne sont pas dans ma zone de génie et encore moins dans mes compétences.

Par exemple, je n'aide pas mes clientes à gérer la technique, je déteste ça et je ne suis pas douée donc je perdrais mon temps et mon énergie à faire des choses qui ne sont pas dans mon super pouvoir.

Je vais vous parler de Nadège, une cliente qui m'a demandé de l'accompagner, car elle se perdait dans ses envies, son identité, ses clientes idéales et ne vivait pas à la hauteur de ses efforts quotidiens.

Elle aidait les entrepreneurs à évoluer, mais elle recevait chaque jour une nouvelle demande dans la communauté Facebook qu'elle entretenait. Elle prenait en compte tout ce qui se présentait à elle : réaliser un site, gérer un tunnel de vente, installer un autorépondeur, créer un business plan, équilibrer vie pro et vie perso, le mindset, tourner de bonnes vidéos et j'en passe.

En fait, sa communauté était incapable d'identifier sa spécialité, sachant qu'elle partait dans tous les sens pour répondre à chaque demande jusqu'à faire intervenir de nombreux experts.
Elle ne parlait de ses services qu'une fois sur cent. Elle se tuait à la tâche pour se former, rechercher des informations, car elle n'était pas du tout dans sa zone de génie. Elle s'épuisait des heures à créer du contenu sur des sujets qui ne lui plaisaient qu'à moitié.

Je vous le donne en mille : elle ne vivait pas de son activité.

Nous sommes retournées à la base, aux fondations, à la racine de son arbre de vie pour trouver, dans son histoire, pour qui et pour quoi elle était faite. Je n'agissais pas comme une psychologue, mais comme une coach avec elle : je mettais le doigt là où mon intuition me disait qu'il y aurait des réponses.

J'aime ces premières séances, car je vois les yeux de mes clientes s'illuminer à chaque avancée et le plus beau, c'est quand elles pleurent. Non, je ne suis pas sadique !
Je sais juste que je suis venue toucher exactement le bon endroit. Au fur et à mesure des séances, l'ancrage se fait, les résultats arrivent, donc la confiance reprend.
La cliente sait pourquoi elle se lève chaque matin et c'est fluide et agréable.

Chaque rencontre, épreuve et succès vous ont conduit à la femme que vous êtes aujourd'hui.

Rassurez-vous, rien n'a été une perte de temps.
Je représente cela comme un jardin japonais avec des pierres blanches sur lesquelles vous devez passer pour comprendre et avancer en direction de votre mission.
Parfois, le chemin sera long, difficile, mais vous connaîtrez aussi des périodes de gloire et de fierté.
C'est pour chaque « pierre » que vous devez avoir de la gratitude.

> ***Quand vous êtes dans votre zone d'excellence, on ne vous compare plus, vous vibrez tous les jours, car vous êtes exactement à la place qui est faite pour vous.***

Reprenons l'exemple du chirurgien cardiaque, pensez-vous qu'avant une opération, il va s'occuper de désinfecter le bloc, les outils, aller chercher la patiente dans sa chambre, l'installer sur la table d'opération et lui placer la perfusion ? Non. Il reste dans sa zone de génie, là où il est doué, là où il vibre. Il perdrait toute son énergie à réaliser ces autres actions et serait moins performant au moment de l'opération.

Pour vous, c'est la même chose.

Une place taillée pour vous vous attend pour que vous puissiez rayonner et contribuer au monde.

Aujourd'hui, Nadège accompagne les entrepreneurs, non pas sur la stratégie ou la technique, mais sur l'équilibre entre la vie professionnelle et la vie personnelle. Elle leur apprend à accepter de ne pas tout contrôler, à lâcher prise, à déléguer pour souffler, à se fixer de bons objectifs, à s'organiser pour prendre du temps de qualité en famille sans avoir le nez dans le travail et frôler le burn-out... Tout cela pour faire évoluer leur business.

Finies les séances à l'heure pansement

Maintenant que vous vous êtes clairement positionnée sur votre spécialité, vous êtes prête pour créer un accompagnement sur mesure.
Nous allons parler de votre offre signature, cette proposition de valeur qui permet à votre client de passer d'un point A de souffrance à un point B, le résultat.

Dans les points forts de mon accompagnement, toutes mes

clientes sortent de l'ancien système de la vente de séances à l'heure, que j'appelle « pansement ».

Comment peut-on travailler en profondeur sur une souffrance en une seule séance ?

À la limite, soulager un stress, un doute. Mais vous le savez aussi bien que moi, il y a le haut de l'iceberg avec le bobo visible et le fond de l'iceberg avec toutes nos couches d'oignon accumulées pendant des années de souffrance, tous ces schémas de protection que l'on a mis en place pour avancer.

Mille fois, on m'a appris quoi mettre dans mon assiette et comment manger équilibré, mais cela ne m'a pas suffi pour régler mon problème par rapport à la nourriture.
J'ai dû accepter d'avoir de nouvelles habitudes et de guérir les blessures cachées sous ces comportements compulsifs.

Je vais entrer dans la minute « électrochoc » pour vous permettre d'ancrer une bonne fois pour toutes l'importance de se respecter soi, son client et la valeur de vos accompagnements.

Accepter de vendre une heure à un client peut être une pratique assimilée à de l'escroquerie. Pourquoi ? Parce que cela laisse sous-entendre qu'une transformation est possible en si peu de temps. Ne soyez pas un escroc !

Votre offre, votre trésor

D'abord, votre premier rôle est uniquement de montrer que vous existez.
Rendez-vous visible pour que vos clients de cœur vous découvrent, sachent que vous avez une solution pour eux et vous considèrent comme la bonne personne, grâce à votre expertise, vos valeurs et tout ce qu'ils vont découvrir de vous.

On ne vous demande pas de sortir les drapeaux, les signaux de fumée, la mini-jupe et le haut-parleur, ni de faire des galipettes. Soyez vous-même, authentique.

Ensuite, vous allez présenter à votre client votre offre irrésistible avec clarté, c'est-à-dire les points essentiels sur lesquels vous allez l'accompagner.
Ainsi, il pourra identifier précisément le parcours pour aller de son point A, sa problématique, à son point B, son résultat.

Enfin, laissez-le libre de choisir de travailler avec vous ou non. C'est aussi simple que ça. Lorsque j'effectue gratuitement un « rendez-vous Clarté et Vision », je prends le temps de comprendre la situation actuelle de la personne, ses objectifs et ambitions.
Si cette cliente résonne avec mon accompagnement, je lui présente mon offre. Il ne s'agit pas d'une vente, d'une obligation ou d'un rapport de force. Bien au contraire, il s'agit d'une simple proposition de vos services.
Plus vous serez fière et convaincue de la qualité de vos services, plus votre cliente le ressentira.

Souvenez-vous : être convaincue, pour être convaincante !

Il y a deux possibilités :

- soit la cliente me dit à la seconde même : « Oui, je suis prête, tu es la bonne personne, on peut commencer quand ? ». Et là, on met en place les formalités administratives ;

- soit elle me dit qu'elle doit réfléchir. Tout est juste, donc dans ce cas-là, je lui propose de me recontacter lorsqu'elle sentira que tout est parfait pour elle.

Dès que le rendez-vous est fini, je passe à autre chose car j'ai confiance en la vie. Si nous devons travailler ensemble, tout se fera, point.

Je ne forme pas et ne formerai jamais des vendeuses de tapis, qui apprennent des discours convaincants et des contre-objections pour vendre dans la force.

Concernant votre offre signature :
Si vous fonctionnez avec des séances à l'heure et à côté des packs de trois ou cinq heures, vous laissez votre client faire le choix sur un nombre d'heures.
Mais est-ce lui le professionnel de l'accompagnement ? Non. C'est à vous de mettre un cadre en proposant ce qui vous semble juste pour apporter une réelle transformation.

Êtes-vous fière aujourd'hui lorsque vous présentez votre offre ?

Combien de vos prospects rencontrés ont acheté votre offre ?

Votre offre est votre trésor, elle représente tout ce que vous avez de plus beau à offrir en incarnant pleinement votre identité. Le jour où vous transmettrez votre valeur ajoutée et votre super pouvoir, vous verrez que vous sortirez instantanément du brouillard et de la masse des concurrents.

On ne pourra plus vous comparer, car tout le monde verra que vous êtes unique ! Mais si vous ne vous montrez nulle part, personne ne peut le savoir.

Et cela ne marchera pas mieux si vous procrastinez à cause de fausses excuses comme :

> « *Je vais la créer, mais j'attends que mon site internet soit prêt, parce que je t'avoue qu'il n'est pas beau, je l'ai fait seule et là je ne suis pas prête* ».

Bippppp. Erreur !

Ce n'est pas en priorité la mise en page, la beauté, ou les couleurs de votre site qui vont vous aider à conquérir vos prospects. Ce que le client veut, c'est que l'on s'intéresse à lui, que l'on parle de lui, il veut sentir que vous le connaissez par cœur et que vous avez une solution pour résoudre sa douleur, en prenant soin de lui parler dans son langage et non avec des termes scientifiques.

Ne vous mettez pas de barrières en voulant employer de jolis mots et de grandes phrases sophistiquées pour paraître professionnelle. Vous risquez même de perdre votre prospect qui ne va pas s'identifier.

Alors mettez-vous à la place de votre client :

- Qu'aimeriez-vous obtenir ?
- Qu'aimeriez-vous vivre comme expérience client pour que ce soit « waouhhh » ?
- Comment aimeriez-vous être accompagnée : en ligne, en présentiel ? En groupe, en individuel ?

N'oubliez pas que cette offre ne doit pas être *parfaite*, mais *faite*.

Elle va s'affiner, s'améliorer avec le temps grâce à vos clientes, leurs retours et votre expérience qui ne cessera de grandir.

Une fois votre offre signature prête, vous allez voir à quel point c'est fluide et agréable de la présenter.
Votre prospect se reconnaîtra à 100 % et ne demandera qu'à s'engager avec vous.
Maintenant, pour vivre ce rendez-vous, encore faut-il proposer votre offre...

Créer des posts, des vidéos, des montages visuels, des articles de qualité, vous donner à 10 000 % sur vos réseaux c'est bien. Mais à un moment donné, ce qui est important, c'est de proposer concrètement vos services.

Demandez-vous en toute sincérité sur le mois dernier :

- Combien de temps ai-je passé à créer des publications, articles et vidéos ?

....

....

- Combien de temps ai-je perdu sur les réseaux, sur les groupes, sur le fil d'actualité, en passant d'un post humoristique à une vidéo trop mignonne de chats ?

....

....

- Combien de temps ai-je travaillé sur mon site, mes visuels ?

....

....

- Combien de temps ai-je discuté par téléphone avec un prospect ?

....

....

- Combien de fois ai-je proposé mes services ?

....

....

Le but de cet exercice est de vous focaliser sur vos actions et sur ce qui fonctionne vraiment pour votre entreprise.
Vous vous rendrez compte que vos résultats sont à la hauteur de vos actions actuelles.

Pas d'actions, pas de résultats.

Passons à la phase suivante :

- Sur quoi devez-vous focaliser votre énergie pour attirer plus de clients et avoir plus de résultats ?

....
....
....
....
....
....
....
....
....
....
....
....

- Qu'est-ce qui vous a permis de générer des revenus durant les trois derniers mois ?

....
....
....
....
....
....
....
....
....
....
....
....

Une fois les réponses trouvées, vous allez redoubler d'efforts sur les leviers gagnants.

Attention: si une cliente vous dit non, ce n'est pas à vous en tant que personne qu'elle dit non.

Imaginez que vous êtes tranquillement installée dans votre canapé quand ça sonne à la porte. Vous ouvrez, c'est un marchand de tapis, il tente de vous vendre une belle peau de bête pour vos soirées romantiques.
Vous répondez non, mais plusieurs raisons sont possibles:

- Vous êtes allergique aux poils de biquette.
- Vous n'aimez pas les peaux de bêtes, en mode Brigitte Bardot.
- Vous venez de vous séparer, alors pour les soirées romantiques, faudra repasser.

Dans tous les cas, ce n'est pas à l'homme lui-même que vous dites non. Donc, prenez cet exemple pour ne pas prendre le refus d'un prospect de manière personnelle.

Votre offre signature

▶ Quelles sont les caractéristiques d'une offre signature?

1. Elle ne doit pas être fondée sur le buzz, la tendance ou vos croyances du moment, mais **connectée à votre zone d'excellence et d'expertise**, à votre super pouvoir.

N'allez pas à contre-courant au risque de vous brûler les ailes et de faire fondre vos économies.

2. Elle doit **répondre à une souffrance, à un besoin urgent.** Seriez-vous prête à investir 1 000 euros pour du mieux-être dans votre vie ou pour sortir de la dépendance affective qui vous empêche de construire un couple sain et solide ?

3. Elle doit **amener à une transformation réelle et puissante** et non apporter de l'information que l'on trouve gratuitement sur internet.

4. **Elle ne met pas en valeur vos outils** (nombre de vidéos, documents, audio) mais elle doit mettre en valeur :

- ce qui vous différencie des concurrents ;
- la réponse à une problématique ;
- montrer avec clarté à qui vous vous adressez ;
- la précision des résultats qui s'opèrent ensuite ;
- la proposition d'une solution aux clients qui ont conscience de leur problématique et qui sont prêts à passer à l'action ;
- la description des différentes étapes de transformation et les bénéfices qui s'en dégagent pour les projeter dans le futur.

Flash info : *trop d'offres tuent l'offre !*
Quand il y a trop de choix, on n'achète pas. Mettez votre focus sur un accompagnement irrésistible reprenant le système que vous estimez juste pour la réussite de votre client et déclinez-le selon le niveau auquel vous les accueillez. Proposez deux ou trois tarifs maximum, toujours basés sur votre expertise et le bénéfice client.

***L**'avis qui compte le plus n'est pas celui de la personne qui AIME votre offre, mais de celle qui l'ACHÈTE !*

▶ **Quels sont les bénéfices d'une offre d'accompagnement signature ?**

Elle est unique et vous ressemble. Comme elle s'appuie sur votre zone de génie et mission de vie, vous vous différenciez instantanément de la concurrence.
On ne vous choisit pas sur votre tarif, mais pour la solution que vous proposez.

Elle vous permet de générer des revenus stables sur plusieurs mois. Vous n'aurez plus peur de la fin de mois ni des factures qui s'accumulent.

Finie la frustration de ne réparer que des bobos. Vous êtes épanouie de recevoir des personnes engagées pour un travail en profondeur qui valorise votre expertise.

Votre client ressort non pas rafistolé, mais transformé !

Passez en caisse

Est-ce que vendre c'est mal ?

C'est une question récurrente. Je vous entends dire :
– *Ah non, Aurélie, jusque-là, je trouvais ton livre plutôt agréable, on ne va pas commencer à se fâcher.*

Je sais, rien qu'à l'idée d'entendre le mot « vente », vous avez des spasmes, des sueurs froides.

Avez-vous ces pensées qui viennent avec le mot « vente » :

- Je n'ose pas vendre, car j'ai la sensation de devoir jouer un rôle et d'obliger la personne en face.

- Je ne suis pas une marchande de tapis ni une marchande de poissons et encore moins une vendeuse dans les souks.

- Si c'est pour ressembler à ce commercial qui ne vous lâche pas la grappe tant que vous n'avez pas acheté son service et qui est toujours dans votre salon alors que vous venez de passer plus de 30 minutes à lui expliquer que vous n'êtes pas intéressée… Non merci !

- Faudrait apprendre par cœur un argumentaire de vente et d'objections et les jeux de pouvoir, ça me bloque, je suis trop mal à l'aise, j'ai pas envie de manipuler les gens.

- Je me suis déjà fait entuber par un vendeur, j'avais signé et regretté dans l'heure, c'est hors de question de forcer les autres à mon tour !

Je vais dédramatiser tout de suite cette relation conflictuelle que vous entretenez avec la vente. Vous pensez qu'il faut jouer un rôle, voire se travestir, vendre à tout prix, avec un argumentaire béton ?

Non, et j'en suis la preuve vivante. Je suis loin d'être madame Mimi, mignonne, douce, bien agréable pour faire glisser la vente. Bien au contraire, je suis rentre-dedans, un peu vulgaire, je ne porte pas de tailleur ni de chignon à la « business succès » et je dissuade même fortement mes prospects d'acheter mes services quand je sens qu'ils ne vont pas du tout correspondre à mon énergie et à ma méthode.

Cela plaît soit aux personnes qui ont la même dynamique, soit à celles qui veulent des coups de pied où je pense. Mais soyons honnêtes, ça en fait fuir plus d'une.

En même temps, sur un million trois cent mille de micro-entrepreneurs français en 2019, j'ai largement de quoi faire ma clientèle...
On attire ce qui nous ressemble ou nous correspond et heureusement que l'on n'est pas tous pareils.
S'il n'y avait pas de place pour tout le monde, on se battrait à coup d'hypocrisie, en mode « cucul la praline » : amour, gratitude, bienveillance et paix dans le monde des Bisounours...

Mais, au secours ! Heureusement que vous pouvez être vous-même et ne pas avoir besoin de séduire absolument tous vos prospects.

Et si vous ne vous vendiez pas, mais que vous faisiez en sorte que vos prospects achètent avec plaisir vos services ?

Comment ? En mettant en place les bonnes fondations pour que votre expertise et votre talent répondent exactement au problème de votre client idéal.

Ma méthode IMPACT VIP

Pour marquer les esprits et devenir incomparable, voici les essentiels :

I - « **Incarnez** » pleinement votre histoire, votre personnalité, et vos valeurs pour en faire une force d'impact, grâce à un branding puissant.

M - « **Médicament** » : mettez en avant la solution que vous apportez et non les outils qui vous rendent comparable (peu importe que votre outil soit la PNL, l'hypnose, ou l'EFT…).

P - « **Problématique** » : répondez à une problématique ou à un besoin fort et non à un simple bobo.

A - « **Authenticité** » : alignez-vous sur vos richesses intérieures car vos valeurs sont votre meilleure campagne marketing.

C - « Client » : identifiez votre client idéal de cœur, parlez-lui, créez pour lui et avec lui en ayant une précision chirurgicale.

T - « Transformation » : créez une offre de services sur mesure, centrée sur l'humain. Une offre qui transforme la vie de vos clients, qui soit innovante ou supérieure à celle de vos concurrents.

Et en bonus, les lettres VIP « Very important person » pour rester centré sur l'humain :

V - « Valeur » : donnez pour recevoir. Offrez un cadeau de haute valeur ajoutée qui transmet votre savoir et des conseils précieux à votre communauté pour attirer l'œil et le cœur de vos clients.

I - « Inoubliable » : créez une expérience inoubliable avec un effet « waouh » et vos clients deviendront vos meilleurs ambassadeurs.

P - « Présence » : humanisez vos réseaux en répondant personnellement à tous les commentaires, messages privés et en remerciant vos abonnés de leur présence.
Donnez-leur envie de boire un café avec vous ou de sauter sur votre story ou sur votre newsletter du lundi matin.

Retenez une chose : ce n'est pas en suivant le troupeau de moutons que l'on devient lionne !

Créez un pitch anti-guimauve

« Pitcher », c'est l'art de vous présenter vous et votre entreprise afin de susciter de l'intérêt en moins de 2 minutes. Vous savez, la fameuse question :

« Et toi, tu fais quoi dans la vie ? »

Cette question qu'on vous pose 10 000 fois dans votre vie d'entrepreneur, que ce soit en soirée entre amis, lors de networkings ou sur vos réseaux. Pour faire mouche, votre interlocuteur doit ressentir instantanément votre différence par rapport à vos concurrents.

Le but n'est pas de donner le maximum d'informations en un temps limité, mais de donner « l'essentiel » : être simple et concis !

L'objectif est d'attiser sa curiosité pour qu'il vous demande votre carte pour plus d'informations. Alors là, bingo, vous avez suscité de l'intérêt !
Il doit se projeter et entrevoir toutes les possibilités de travailler avec vous.

▶ **Voici trois cas souvent rencontrés :**

1. Le pitch mou comme de la guimauve :
« Je suis coach de vie » ;
« Je suis thérapeute holistique » ;
« Je suis guérisseuse ».

Oui, mais encore ? Vous êtes juste comme 10 000 autres, donc on vous oublie dans la demi-heure.

2. Le pitch sans fin : en voulant trop bien faire, tout expliquer, vous vous embourbez dans des explications et des détails techniques sans fin qui perdent votre interlocuteur. Et là, c'est le flop, vous sentez bien que le courant n'est pas passé et, pire, que votre prospect est impatient que ça se termine.

3. Le pitch mémorable qui marque les esprits : il contient un message puissant qui vous différencie instantanément. Voici les éléments importants :

- La prise en compte de la personne à qui vous vous adressez
- Une problématique claire : c'est le moment où vous amenez le problème auquel vous répondez
- Votre proposition de valeur distinctive
- Le résultat de transformation que vous apportez. À ce stade, des exemples de vos précédentes réussites sont les bienvenues.

Attention, le pitch n'est pas une phrase apprise par cœur, figée dans le temps. Il s'adapte à la situation et à l'auditoire. Créez donc plusieurs scénarios.

Avant chaque événement, posez-vous les bonnes questions :

- Quel est le message que je souhaite faire passer ?
- Quel objectif me suis-je fixé ? Souhaité-je faire le buzz ? Proposer un nouveau projet, une nouvelle idée ?

- Qu'est-ce que j'attends de mon interlocuteur ? Un rendez-vous ? Qu'il prenne ma carte ? Qu'il découvre mon site ?

Pour répondre à cette fameuse question « Que fais-tu dans la vie ? », il vous faut donc :

- **Accrocher** votre auditoire avec une question qui les interpelle. Cela vous permet d'attirer leur attention pour engager la discussion et créer une relation d'affaires.

- **Conclure positivement.** Terminez sur une pépite, quelque chose qui va tenir votre public en haleine et susciter des émotions, comme une histoire réelle et authentique sur votre entreprise, votre parcours, le succès d'un client...

- **Être clair.** Ne vous embarquez pas dans de grandes phrases pompeuses et sans fin. N'utilisez pas de mots scientifiques ou professionnels, parlez dans le langage de votre client.

- **Incarner la confiance.** Ayez une attitude, positive et souriante. Soyez convaincue, pour être convaincante.

- **Avoir un débit de parole agréable et vivant** : ne soyez pas monotone, sauf si vous vendez des nuits d'hôtel ou un espace zen. Et encore...

9
Un mental à toute épreuve

Jouez votre rôle !

Vous avez un rôle à jouer pour impacter le monde, et je vais vous montrer comment.
Ça m'a pris du temps pour passer de mon manque d'estime en mode serpillière, à l'école comme dans mes relations amoureuses, à la prise de décision et de pouvoir sur ma vie, en mode boxeuse au mental de championne.

Si je connaissais à l'avance mon histoire, avec tout ce que j'ai traversé, aujourd'hui je signerais tout de suite. Ce chemin douloureux m'a apporté une nouvelle compréhension de la vie et de la puissance de l'invisible.

Bon, j'avoue avec 15 kg en moins, ça serait pas mal ! Ohhhh, c'est bon, je plaisante !

Si vous avez intégré dans toutes vos cellules que vous êtes destinée à bien plus grand, mais que vous regardez les autres vivre leur vie en les enviant, laissez-moi vous questionner :

- Qu'est-ce que vous feriez maintenant si le doute et le manque de clarté ne faisaient plus partie de votre vie ?
- Où iriez-vous ?
- Qui ferait partie de votre entourage ?
- Qui seriez-vous maintenant ?

Je ne parle pas dans cinq ans, quand vous aurez enfin confiance en vous, quand vous vous sentirez prête et quand vos enfants auront grandi… Non, je parle de MAINTENANT.

Tout est une question de choix dans la vie. De prises de décisions et de passage à l'action.

Alors, qui seriez-vous aujourd'hui si vous ne laissiez plus de place au doute ?

> ***Vous êtes ici sur Terre pour transmettre un message. Vos souffrances sont la marque indélébile de votre mission, alignée sur votre super pouvoir. C'est ce qui va vous permettre d'incarner votre propre rôle en osant prendre votre place de leader et non de suiveur.***

▶ **Et si vous osiez transmettre votre message, votre vérité ?**

Avez-vous une connaissance, une passion ou encore une expertise qui peut transformer la vie de ceux qui se trouvent autour de vous et faire une différence ?

Voici quelques questions pour vous aider :

- Qu'est-ce qui me bloque actuellement dans ma vie professionnelle ou personnelle ?
- De quoi ai-je besoin pour changer positivement cette situation ?
- Quelles sont les cinq actions à poser au plus vite pour résoudre cette problématique ?

La carte aux trésors

***F**aites confiance aux indices de la vie, chaque étape est une nouvelle case sur votre carte pour avancer vers votre trésor. Sur votre chemin, vous avez croisé de petits diamants, des petits indices laissés comme le Petit Poucet sur votre route, mais encore faut-il les voir et les accueillir. Il vous suffit d'ouvrir grand vos yeux et de laisser votre enfant intérieur et votre intuition vous guider.*
Votre cœur sait ce que votre mental ignore.

Lorsque les peurs, les croyances prennent trop de place, reconnectez-vous à votre être. Comment ? En faisant SILENCE et en méditant.

Apprenez à vous reconnecter aussi souvent que possible à votre intuition, à vos sensations, vos émotions et il vous sera de plus en plus facile d'y faire appel en cas de besoin. Mais tout ça demande du travail, la magie n'opère pas si on reste bloqué dans son mental comme un lion en cage.

Saint-Exupéry l'a bien dit : « On ne voit bien qu'avec le cœur, l'essentiel est invisible pour les yeux ».

Le tout n'est pas de savoir pour le moment comment vous allez le faire, mais ce que vous souhaitez réellement. Le « comment » peut être facilement résolu grâce à l'aide d'experts.

Mais vous, que souhaitez-vous accomplir de grand ?

....

....

....

....

....

....

....

....

Si absolument tout vous était offert à cet instant, que feriez-vous ?

....

....

....

....

....

....

....

Passez par la méditation, la visualisation avec la création du futur qui vous ouvre les portes du rêve et du réel, car il n'existe aucune limite dans cette pratique. Souriez, visualisez chaque petit détail de votre vie, vibrez dans votre corps.

Nous émettons des vibrations positives ou négatives selon nos croyances, nous allons attirer à nous des opportunités ou des périodes difficiles.

On a tous connu une phase de chat noir : le boss qui nous prend la tête, la voiture qui rend l'âme, le petit qui est malade, la perte de nos clés, l'oubli de la carte bancaire à la caisse... Vous voyez, ce genre de série catastrophe ?

Maintenant, pensez à une de vos amies qui a, selon vous, de la chance, une belle vie et qui obtient toujours ce qu'elle désire. Entre nous, est-ce une femme fermée ? Négative ? Défaitiste ? Qui reste au fond de son lit ? Non !!!

Vos croyances sont comme une antenne radio qui émet à une fréquence que les autres captent lorsqu'ils sont dans votre périmètre.

Pour y remédier, je vous propose d'ancrer dans votre tête, votre cœur, votre corps, de nouvelles pensées positives pour augmenter votre énergie vibratoire et votre résonance.

Je vous conseille d'avancer petit à petit en choisissant trois croyances que vous transformerez en pensées positives.

Prenons un exemple. Remplacez la pensée négative :

« De toute façon, je n'attire que des clients qui n'ont pas les finances pour mes services »

par son contraire :

« j'attire à moi une abondance de clients qui sont alignés à mon énergie, à mes valeurs et qui investissent dans mon accompagnement en toute confiance et fluidité. »

Une fois votre affirmation positive choisie, écrivez-la dans votre journal des affirmations et **répétez-la plusieurs fois par jour, en la ressentant dans votre corps,** pendant 21 jours consécutifs, pour que votre cerveau l'intègre complètement.

Toutes ces nouvelles habitudes sont parfois difficiles à appliquer avec constance.
Pour m'aider à ne pas oublier, je note mes affirmations dans mon téléphone avec la fonction rappel. Dès que ça sonne, c'est le signal pour tout poser et aller écrire dans votre journal d'affirmations.

Vous pouvez également la noter sur un post-it dans votre agenda, que vous déplacez au fur et à mesure des semaines qui avancent. L'important est que cela soit en permanence sous vos yeux et devienne une habitude.

Atteinte de ruminologie ?

Êtes-vous atteinte de ruminologie comme je l'ai été pendant des années ? Vous savez, ce mental envahissant, réglé jour et nuit sur le bouton « on » ? Celui qui vous empêche de dormir.

Je vous propose de détecter les pensées dominantes ou négatives, les croyances limitantes qui vous empêchent d'avancer car c'est sur elles que se créent votre réalité, et votre ruminologie !

Vous devez être attentive et modifier ces pensées de stress et d'inquiétude qui vous créent des blocages mentaux et physiques et les remplacer par des affirmations positives, de confiance, pour trouver la paix intérieure.

Certes, cet exercice va être long, car certaines de vos pensées liées à votre éducation ou à votre passé encombrent votre mental depuis des années sans même que vous vous en rendiez compte.

Au début, vous allez peut-être vous sentir comme dans la roue du hamster, lancée à vive allure dans un moment de ruminologie aiguë sans pouvoir agir. Mais petit à petit, vous passerez d'une après-midi de rumination, à seulement une ou deux heures, pour enfin réussir à repérer et stopper ce mécanisme en quelques secondes.

▶ **Premier exercice possible pour en finir avec la ruminologie :**

1. Je prends conscience des pensées négatives.

2. Je fais opposition à ces pensées.

3. Je choisis les pensées qui sont bonnes pour moi et mon mental.

4. Je remplace les pensées négatives par les positives.

Prenons un cas concret avec la pensée:
«Je suis nulle, la preuve ce client n'a pas acheté mon accompagnement».
– Mais, est-ce que tu es nulle tout le temps?
– Non, c'est vrai que la semaine dernière, j'ai proposé mon offre et la cliente l'a signée avec joie. J'ai aussi reçu un message d'un abonné à mes réseaux qui me félicitait de mes partages. Donc je ne suis pas nulle tout le temps, loin de là.

L'exemple de pensée peut être remplacé par:

> *«Je suis une femme rayonnante, je m'aime et je me respecte. Certes, ce client n'a pas souhaité travailler avec moi, mais je sais que je suis alignée.*
> *J'ai pleinement confiance en moi et en l'Univers pour apporter une abondance de clientes de cœur, prêtes à investir dans mon meilleur accompagnement».*

Vous savez ce qui se produit une fois cet exercice réalisé? La GRATITUDE vient!

Répétez-vous régulièrement ces affirmations positives pour ancrer une nouvelle façon de parler de vous. Respectez la FEMME MERVEILLEUSE que vous êtes.

▶ **Deuxième exercice pour en finir avec la ruminologie:**

J'ai beaucoup pratiqué l'exercice que je m'apprête à expliquer, lorsque mon mental était trop envahissant au moment de m'endormir, tel un hamster qui se prend pour un Tex Avery en plein sprint dans sa roue de la rumination…

Vous aussi vous avez ces moments où vous repensez cinquante fois à votre journée et à ce que vous devez faire demain ?

Pendant la première année de ma création d'entreprise, j'avais pris pour habitude de me réveiller régulièrement dans la nuit pour noter des idées, des pensées, des tâches à réaliser pour être certaine de ne rien oublier, comme s'il s'agissait d'une question de vie ou de mort...

Autant vous dire que mes nuits étaient courtes et non réparatrices !

Si vous ne dites pas stop à ce cercle vicieux, il deviendra, sans même que vous vous en rendiez compte, une habitude incontrôlable.

Si vous êtes chez vous, allongez-vous, fermez les yeux et visualisez avec précision le petit hamster de votre mental. Rassurez-le, calmez-le doucement et observez la roue ralentir, ralentir, ralentir jusqu'à s'arrêter.
Maintenant, imaginez ce hamster aller doucement rejoindre un petit lit douillet, s'allonger sous le drap et s'endormir paisiblement. Chut...

Célébrez vos échecs

Savez-vous que votre mentor, celui qui est un exemple pour vous, est simplement une personne qui a échoué 1 000 fois plus que vous ?

Pourquoi un enfant tombe-t-il 5 000 fois et n'abandonne-t-il jamais ? Tout simplement parce qu'il n'a pas la notion d'échec. Il ne s'arrête donc pas avant d'avoir atteint son objectif.

L'erreur principale que nous commettons lorsque nous vivons un échec, c'est de pester, ruminer, puis de passer à autre chose. Alors que, malheureusement, cette situation se présentera de nouveau.
Pourquoi ?
Parce que nous n'avons pas pris le temps d'analyser pour repérer en conscience les points faibles à améliorer.

Analyser permet de rectifier le tir pour recommencer avec de nouvelles idées, un nouvel angle d'attaque. Vous allez très vite vous rendre compte que vos résultats vont arriver plus rapidement dans cet élan, car chaque petite erreur corrigée va vous emmener au produit, à l'idée idéale.

Tant que vous n'avez pas abandonné, vous avez encore une chance, alors levez-vous et agissez.
– *Non, mais Aurélie, n'exagère pas non plus, pourquoi tu dis que c'est bien de faire des erreurs ?*

Laissez-moi vous expliquer :

1. Cela prouve que vous avez osé vous dépasser. Et agir quand la plupart des gens procrastinent ou ne se mouillent pas, par peur de l'échec, je dis BRAVO !

2. L'échec est en réalité un fabuleux apprentissage. Comment savoir si quelque chose fonctionne ou pas, si on ne prend pas le risque d'échouer ?

3. Voyez donc dans chaque échec le côté positif, le fameux cadeau caché, c'est la possibilité de sortir de votre perfectionnisme pour oser !

Si vous pensez réussir sans vivre d'échecs, sans prendre de réels risques, vous vous trompez de direction. Ça signifie simplement que vous avez encore un état d'esprit salarial.

Quelle est la première action que vous avez furieusement envie de réaliser, mais que vous vous refusiez jusqu'à maintenant ?

....

....

....

Vous ne préférez pas l'action aux regrets ?

Chaque action que vous posez est une graine que vous plantez pour accomplir vos ambitions et devenir une femme d'impact.

Si vous passiez de « Je sais déjà » à « Je fais » ?

Pour poser des actions concrètes qui vous permettent d'avancer pas à pas en ayant le courage et la foi de sortir de votre zone d'ombre pour aller vers la lumière, vous devez accepter de faire sans savoir et de demander de l'aide.

Rappelez-vous la célèbre maxime :

> ***C'est en forgeant que l'on devient forgeron». Vos connaissances théoriques ne vous serviront à rien tant que vous ne les appliquerez pas dans le concret.***

Vous le savez, pour changer de vie, la première chose dont vous avez besoin, c'est une destination claire, une vision précise de ce que vous souhaitez accomplir.

Si vous voulez apprendre à laisser votre force émerger pour oser partir à la rencontre de vos rêves, sortir des sentiers battus, quitter votre job, vous éclater et vivre libre, alors fermez les yeux, prenez trois grandes respirations et pensez à votre rêve :

- Est-ce que je préfère passer à l'action et risquer l'échec ?
- Quel serait le pire résultat ?
- Est-ce que je préfère y songer, hésiter, rêver ma vie et regarder les autres réussir en me morfondant dans des regrets ?
- Est-ce que je préfère prendre le risque ?

Vous allez assez vite vous rendre compte que, même si le pire scénario se produit, il y aura toujours une solution pour rebondir et que ce n'est pas la mort.

Quoi ? Vous allez vous retrouver seule ? À la rue ? Sans famille ? Personne ne viendra vous aider à vous relever ?

Dites-vous toujours : « Et alors ? Est-ce si terrible que ça, si ça ne fonctionne pas ? Il n'y a aucun moyen de retrouver du travail ? »

Maintenant que vous avez libéré toutes ces peurs en prenant le temps de les déconstruire une à une, prenons un point de vue de winneuse :

- Et si tout était possible ?
- Si tout se passait merveilleusement bien ?
- Qu'est-ce que je ferais ?
- Qu'est-ce qui serait différent ?

Repensez à votre petit hamster du mental, rassurez-le encore : « *Oui, je sais, tu as peur. Ensemble, on va être forts et invincibles !* ».

Imaginez la roue des peurs et des pensées ralentir, ralentir, ralentir…
Respirez profondément. Visualisez le meilleur scénario : le calme est revenu, vous êtes dans un élan de vibration et de confiance. Vous pouvez dorénavant vous lever et aller poser une première action.

Voici un mantra puissant :

« *Oui, je peux et tout est juste, j'obtiens exactement ce que je souhaite* ».

Je vous le répète depuis le début et c'est ma conviction, mon leitmotiv :

Absolument tout est possible si vous osez vous dépasser. Croyez en vous et n'abandonnez jamais !

10

Vibrez !

Quelle est l'énergie que vous mettez dans chacune de vos actions ?

Je reprends l'exemple du boxeur avant un combat. Lorsque vient le moment de monter sur le ring, il n'y va pas à moitié, il ne se dit pas « Je vais essayer, on verra bien, au pire je finis deuxième. »

NON.

Il y va avec une énergie et un mental de gagnant, il agit et pense « réussite », il s'est entraîné des mois durant en visant la victoire.

Imaginons, vous décrochez un appel avec un prospect. Et là, au moment de présenter votre offre, votre timbre de voix change, vacille, vous devenez floue et vous dites les choses sans grande conviction.

Ne pensez-vous pas que votre client va ressentir votre manque de confiance et vos peurs ? Résultat ? Il aura peur à son tour et n'achètera pas.

Lorsque je dois me rendre à un événement important, je suis un rituel très précis pour booster mon énergie, selon mon envie ou mon besoin du moment.

Voici quelques exemples :

- Je prends une douche fraîche (oui, c'est dur, mais une douche chaude ramollit le cerveau).

- Je tape des mains et des pieds en criant « Yessssss, goooooooo ! » (oui, je suis dingue !).

- Je chante à tue-tête et je danse sur une musique qui me met en joie.

Et pour terminer ce rituel, je reviens à ici et maintenant, dans le silence, puis je nomme toutes mes intentions et affirmations positives à haute voix pour cet événement.

Souvenez-vous de ce crescendo :
- ***L'émotionnel, les vibrations et l'énergie du moment affectent vos décisions.***
- ***Vos décisions affectent vos actions.***
- ***Vos actions affectent vos résultats.***

Entraînez-vous petit à petit à vibrer dans une énergie haute.

Évidemment, tout ne va pas se faire en un claquement de doigts. Certaines pensées sont devenues des croyances depuis votre enfance.
Il faut savoir que nous créons 60 000 pensées par jour, alors je vous laisse imaginer le nombre de fois où vous les avez entendues.

Maintenant que vous en avez conscience, et que vous avez plusieurs exercices en votre possession, prenez le temps de vous exercer au quotidien, même lorsqu'il s'agit d'un petit reproche :

> Ne dites pas : *« Je suis vraiment une pipe en cuisine, j'ai fait brûler le repas »*
>
> Mais plutôt : *« Ça arrive à tout le monde. La prochaine fois, je regarderai plus souvent. »*

Aujourd'hui, je vous assure, dès que j'entends quelqu'un se critiquer ou se rabaisser, ça me déclenche instantanément un warning. C'est devenu une nouvelle habitude, donc vous en êtes capable aussi.

Ne doutez jamais de vous et de la puissance de vos intentions.

Une fois installée dans une bonne énergie, en harmonie avec vos pensées, vous serez naturellement plus alignée et en phase avec votre être intérieur pour avancer avec plus de légèreté. Vos décisions seront plus fluides et plus faciles à prendre dès que votre ego sera mis de côté. Ainsi, vous pourrez vous connecter à votre enfant intérieur.

Comme le souligne Blaise Pascal, **le cœur sait ce que la raison ignore, donc demandez-le-lui !**
« Cœur, je suis là pour toi, qu'est-ce que tu ressens ? Comment est-ce que je peux t'aider ? »

Bien entendu, la vie n'est pas un long fleuve tranquille. Vouloir vibrer dans une énergie haute ne doit pas vous empêcher d'accueillir, de reconnaître et d'accepter les émotions désagréables et le négatif.

> *« Oui, je suis en colère et frustrée de ne pas avoir plus de clients, j'ai tellement à transmettre ! »*

Posez-vous les bonnes questions :

- Pourquoi suis-je en colère et frustrée ?
- Puis-je agir sur cette situation ?
- Comment puis-je l'améliorer ?
- En quoi suis-je responsable ?
- Quelle est la première action que je peux poser aujourd'hui ?

Puis, reboostez votre énergie grâce à ce qui vous met en joie sur l'instant : dansez, riez aux éclats...
Le mental ne fait pas la différence entre le réel ou l'irréel, donc si vous esquissez un sourire, il sera persuadé que tout va bien. Ainsi, votre niveau de vibrations et votre énergie pourront augmenter petit à petit.

Entretenir un état d'esprit positif et une confiance en l'avenir attire naturellement à vous des opportunités et des personnes en accord avec vos souhaits, car vous avez votre

place, et l'Univers a déjà tout ce qu'il faut à votre disposition. Autorisez-vous à le voir et à le recevoir.
Au moment opportun, il vous apportera sur un plateau d'or ce dont vous avez besoin, cette petite pièce manquante à votre puzzle.

À votre avis, pourquoi faisons-nous à certains moments de notre vie de bonnes rencontres et à d'autres de mauvaises rencontres ?

Repensez à ces personnes, peu importe que le souvenir soit bon ou mauvais, et vous verrez que derrière chacune d'elles se cache un message qui vous est transmis. Quand on prend le temps de s'ouvrir aux cadeaux de la vie, tout semble si logique.

Tenez, parlons d'une de mes conférences en ligne sur « Comment attirer des clients avec aisance ».

Pour la préparer, j'ai eu besoin d'un mois. Entre la préparation des visuels, des textes et de la promotion auprès de ma communauté, j'étais dans les starting-blocks.
Je ressentais beaucoup d'excitation à l'idée de ma présentation et des prises de conscience qu'elle allait engendrer chez les participantes.

Au final, la conférence qui devait durer une heure s'est étendue à plus du double. Oui, vous m'avez bien entendu !
Waouuu, 2h30 de partages riches en émotions et en apprentissages. J'ai même laissé le micro aux participantes à la fin et quelle merveille ! Je pense que c'était la plus belle conférence depuis le début de mon activité.

Une fois venu le moment de remercier toutes ces entrepreneures pour leur présence, j'ai coupé la connexion et là, assise devant mon écran, j'ai attendu que la petite barre pour télécharger l'enregistrement s'affiche...

> « *Rien ! Comment ça, rien ? Il est où mon enregistrement ? Oh non, non non !* »

J'ai senti mon cœur palpiter, s'emballer. La peur, l'angoisse, un mélange d'émotions négatives, et je me retrouvais comme un lion en cage qui tourne en rond.

> « *Respire, ça va aller !* »

J'ai cherché partout dans le logiciel de conférence en ligne. Et là, je devais me rendre à l'évidence : aucun enregistrement.

Ma première envie était de me jeter du balcon... Je venais de perdre les deux heures les plus intenses jusque-là ! En plus de ça, j'avais promis un replay à toutes les inscrites.

Vingt minutes après, j'ai pris trois grandes, enfin très très très grandes respirations pour faire redescendre cette cocotte-minute qui était en train d'exploser dans ma tête. J'ai retrouvé mon sang-froid et je me suis reconnectée à ma positivité.

Comment j'allais transformer ça ?

J'ai eu une idée lumineuse : j'allais proposer à tout le monde de la recommencer, et ce serait une nouvelle opportunité pour les femmes qui n'avaient pas pu se connecter ce soir-là.

Il était là mon cadeau de la vie !

Pendant quinze jours, j'ai remis toute mon énergie pour préparer la seconde conférence. Pour chaque post, action, email, je pensais « abondance de participantes et partage de richesse ».

Et devinez quoi ? J'ai doublé le nombre de participantes ! J'ai reçu de nouveau des témoignages fabuleux entre mes clientes présentes et les nouvelles personnes qui partageaient leur envie que je les accompagne.

J'ai explosé le compteur ce soir-là avec trois fois plus de résultats et plus de 12 000 euros en 1h30 avec des entrepreneures ravies.

> « *Yesssssss, je vais pouvoir aider toutes ces femmes pour accomplir ma mission !* »

Était-ce un hasard ? La poisse ? Un cadeau ?
Votre conviction est essentielle pour votre réussite, car ce sont les pensées et les vibrations que vous allez mettre dans chaque action, qui vont générer ou non des résultats.

Pour ma part, j'avais décidé de croire que c'était un cadeau et quand j'ai proposé une nouvelle date, à chaque publication, à chaque personne inscrite, j'insufflais ma conviction profonde que cette soirée allait être extraordinaire. J'ai fait mon job et l'Univers a fait le sien !

Demandez et recevez

Comment espérer un cadeau, une opportunité, quand on ne sait pas soi-même ce que l'on désire concrètement ni pourquoi on le désire ?

L'essentiel est de poser une intention. Mais n'oubliez pas que cela se fait marche par marche.

Une intention se pose au présent de l'indicatif, exactement comme si tout était déjà en votre possession :

> *« Je suis abondance, amour et partage ».*
>
> *« Je suis tellement reconnaissante d'avoir toute cette entrée financièrement dans ma vie ».*
>
> *« Je suis pleinement confiante sur chaque action que j'entreprends aujourd'hui pour augmenter ma visibilité ».*

Comment voulez-vous obtenir quelque chose si vous gardez vos rêves et ambitions pour vous ?
Si vous ne vous entourez pas et que vous ne faites aucune demande réelle et précise à Dieu, à l'Univers, au monde, à votre entourage ?
En gardant vos désirs brûlants dans vos tripes et en cachant ce joyau ?

N'oubliez pas la fameuse maxime : « Vos désirs sont des ordres ».

Le génie présume que tout ce que vous pensez, en conscience ou non, est constitué de vos souhaits et qu'il est là pour vous servir afin de les exaucer, grâce à des événements, des rencontres…

Longtemps, j'ai pensé que demander était une marque de faiblesse, d'autant plus que j'avais davantage l'habitude qu'on vienne à moi me proposer des opportunités. J'étais dans une belle grosse zone de confort bien douillette.
Mais tout a ses limites. Moi aussi je dois sortir de mon ego pour créer mes opportunités à un niveau supérieur.

Un jour, je participais à un événement pour entrepreneurs. Nous étions cent cinquante dans la salle, et le moment étant venu de poser nos questions, j'ai partagé mon pourquoi profond. Je parlais aussi de l'écriture de mon livre :
– *Il va traverser le monde entier, devenir un best-seller, se vendre à des millions d'exemplaires, pour transmettre mon message puissant en provenance directe de mes tripes : la foi que tout est possible.*

Intérieurement, je sentais que je me donnais du courage. Je me disais :

> *« Allez, tu es une femme merveilleuse, le monde a besoin de toi. Tu es une putain de wonder woman, lève-toi et décide de briller, maintenant ! ».*

Ni une ni deux, je me suis lancée :
– *Si quelqu'un dans la salle adhère à mes valeurs, à mon histoire et cherche une conférencière, drôle, un brin cash, je suis là !!*

BIM, je venais d'envoyer une bouteille à la mer en ayant la conviction profonde que la bonne personne tomberait sur ma demande en temps voulu.

Et vous savez comme la vie est bien faite! Nous ne sommes parfois juste pas prêtes à recevoir... Mais quand nous le sommes, les portes s'ouvrent d'elles-mêmes. N'attendez pas les opportunités, créez-les!!!!

Et lorsqu'une de ces opportunités se présente à vous, saisissez-la, bordel, vous apprendrez après si besoin!

Je me souviens encore de ma première conférence devant ces centaines de femmes. À l'époque, j'avais déjà fait des formations ou des ateliers, mais avec cinquante personnes maximum.

Là, une connaissance m'avait contactée pour me proposer d'intervenir devant plus de 300 femmes:
– *Tu as déjà fait ça, Aurélie? Tu es à l'aise, ça te parle?*
– *Bien sûr, je suis prête, donne-moi la date!*

En réalité, je venais d'accepter un nouveau challenge et j'avais un mois pour me préparer, autant psychologiquement que professionnellement.

Résultat pour les participantes: des rires, des pleurs et des recommandations!

Résultat pour moi: du stress, du stress, du stress (j'ai failli m'évanouir à l'annonce de mon nom!), mais surtout... une énorme fierté.

Bien entendu, si c'était à refaire, je changerais beaucoup d'éléments dans ma présentation.
Aujourd'hui j'ai un grand nombre de conférences au compteur, mais à cette époque, si j'avais dit non, je ne serais certainement pas là où je suis aujourd'hui. Si j'avais dit « Non, je suis pas prête », je n'aurais pas pu évoluer ni apprendre de mes erreurs.

Et puis, il faut bien une première fois à tout !

Votre intuition, votre guide intérieur

Je suis une femme d'affaires ambitieuse et déterminée. Je vous guide grâce à ma puissante intuition. Il me suffit de vous écouter pour vous apporter des solutions et des réponses concrètes et ne pas vous laisser seule face à vos doutes.

J'ai un œil de lynx qui repère directement les leviers de transformation à apporter à votre activité pour la propulser. Mon approche va droit au but.
Elle est concrète, stratégique et intuitive, ce qui permet à mes clientes de développer leur plein potentiel pour atteindre le sommet.

Certes, nous sommes des centaines de consultants pour entrepreneurs et il en fleurit chaque jour. Oui, nous travaillons sur les mêmes piliers, mais la différence vient de ma façon de faire, de mon discours, des décharges électriques que j'envoie pour mettre mes clientes face à la réalité.

Il m'arrive régulièrement d'avoir des retours lors de mes conférences avec des entrepreneures qui me disent :

> *« Je savais au fond de moi ce que tu as transmis aujourd'hui, mais la différence, c'est que tu m'as permis de le comprendre et de l'intégrer, car tes exemples et tes images me parlent ».*

Après tout, n'est-ce pas pour ça qu'on fait appel à un consultant ?

Eh bien, pour vous, c'est exactement la même chose.
Vous seule avez votre langage qui connectera immédiatement avec vos clientes. Rester vous-même sera votre plus bel atout marketing.

Magnétiser vos clientes

Pour que les gens soient attirés comme des aimants, il vous faut incarner pleinement votre désir d'aligner votre vie, votre mission, votre valeur, votre mental et votre entreprise. Vous n'allez pas forcément vous réveiller un matin avec un éclair de génie sur votre mission, parce que vous aurez décidé de la trouver la veille.

Pas de précipitation, « don't stress, be cool » !

Pour l'incarner, encore faut-il le ressentir, le vibrer dans le corps, l'âme et l'être. Cela demande avant tout de faire la clarté sur vos valeurs, vos visions et sur la destination que vous souhaitez atteindre : votre grand rêve, celui qui n'a pas de limites, pas de frontières.

Je ne vous demande pas comment y aller. C'est là le travail des coachs, consultants et experts qui vous accompagneront sur ce chemin et tout va s'éclaircir au fur et à mesure que vous avancerez, un pas après l'autre.

Chaque pièce se placera au juste moment sur votre carte au trésor. Faites-vous aider ou faites la route seule, mais encore une fois, acceptez que les choses se mettent en place quand vous êtes prêtes à les recevoir.

Faites-vous confiance, car personne n'est là pour vous autoriser à vous accomplir. Vous seule savez ce qui est juste dans votre cœur. Quand vous doutez, demandez-vous :

- Est-ce que j'achèterais mes services si j'étais ma propre cliente ?

- S'ils étaient présentés de cette façon ?

- Avec ce tarif ?

- Pour obtenir ce résultat et avec cette promesse ?

Quand vous êtes dans la force ou dans l'ego, vous bloquez les opportunités qui s'offrent à vous, car vous agissez et créez dans des énergies négatives.

Prenons l'exemple de ma cliente Marie.

Une cliente la contacte pour s'informer de ses services de coach en gestion de l'émotionnel. Marie lui présente son offre signature que nous avions fini de créer quelques jours auparavant.

Sa cliente écoute la présentation, elle est enthousiaste, car elle se reconnaît à 100 % dans l'énoncé des souffrances et dans la solution proposée :
– C'est exactement l'offre dont j'avais besoin, je suis ravie.

Ni une ni deux, elle remplit le chèque, signe le contrat et fixe leur premier rendez-vous.

Deux jours plus tard, j'ai une séance de consulting avec Marie qui me raconte cette fabuleuse rencontre et la fluidité avec laquelle la cliente a décidé de prendre ses services, et même l'alignement parfait.
Elle qui était paniquée à l'idée de sortir de l'ancien schéma des séances à l'heure et qui percevait enfin sa proposition de services comme agréable, semblait avoir stoppé ses pensées négatives associées au mot « vente », hourra !

Et puis, je sens une réticence dans la voix de Marie :
– Ah, Aurélie, tu sais, tout était parfait et au moment de lui donner le tarif, j'ai ressenti un doute, un petit truc au fond de moi qui n'était pas clair, pas fluide, désagréable.

La séance se termine et de mon côté, je m'interroge... Tout était aligné quand nous avions fixé le tarif juste pour elle.

Le lendemain, Marie me laisse un message. Devinez quoi ?
Sa cliente avait annulé la prestation en lui expliquant que la période était compliquée avec l'approche des fêtes et qu'elle ne pouvait pas s'engager maintenant...

J'ai immédiatement contacté Marie pour comprendre la cause. Nous avions fixé un tarif ensemble la semaine précédente, mais son ego *avait pris le dessus et, juste avant son rendez-vous, elle avait décidé d'augmenter le tarif de 500 euros sans réfléchir et sans avoir pris le temps de se poser les bonnes questions pour être alignée avec ce nouveau choix.*

Elle a fini par m'expliquer qu'elle n'était pas du tout alignée et au clair avec son augmentation soudaine et cela s'était certainement ressenti dans sa vibration.

Souvenez-vous, lorsque vous êtes alignée, en cohérence avec vous, non pour faire plaisir, non pour sauver les autres, non pour satisfaire votre ego qui dit *« Je peux moi aussi vendre aussi cher que les concurrents »*, mais uniquement pour remplir votre mission, vous allez attirer avec aisance les bonnes clientes.

Vous aurez bien le temps d'augmenter vos tarifs au fur et à mesure que votre satané syndrome s'éclipsera pour laisser place à votre pleine confiance. Relax !

Comme le souligne Gandhi : « Soyez le changement que vous voulez voir dans le monde ».

Une motivation de championne

Comment développer un mindset et une motivation de « championne » ?

On me demande souvent comment je fais pour avoir toujours cette pêche et cette énergie.

Déjà, soyons très honnêtes, j'ai mes moments de mou comme tout le monde, mais j'ai appris à les gérer.
Avant, j'étais dans la force, un bon petit soldat prêt à avancer coûte que coûte. J'ai tenu deux ans comme ça et un jour, grâce à toutes mes expériences et à la richesse que m'apporte mes clientes pour la plupart thérapeutes, j'ai fait un reset sur mon organisation et mes envies profondes.

Le constat sonnait comme une évidence : si c'est pour être entrepreneure, mais travailler comme une salariée, voire comme une esclave, à quoi bon ?

J'ai décidé de reprendre les bases essentielles pour mon bien-être :

1. Je me connecte régulièrement à mon grand pourquoi pour être certaine de garder la foi et la motivation au quotidien.

2. Je fais **un point tous les 3 mois sur mon alignement** avec ma vision dans ce monde et je fixe les objectifs de mon entreprise à 6 mois, 1 an, 5 ans.

3. Je travaille plus efficacement grâce à la connaissance de mon rythme. Mon énergie est haute le matin, parfaite pour mes consultings privés ; ralentie de 14h à 16h, j'en profite pour effectuer des tâches qui ne demandent pas de grande concentration, comme la veille internet, la recherche de visuels, etc. ; entre 16h et 18h, en général, je suis sur mes projets personnels, sauf en cas de rendez-vous avec des clientes à l'étranger.

4. Je suis mon flow, c'est-à-dire que j'ai établi des check-lists pour la semaine et chaque jour je pioche dans cette liste ce que je vais faire, selon mon envie du moment : tourner une vidéo, écrire des posts...

5. Je bloque sur mon agenda 4 mois à l'avance **des rendez-vous hebdomadaires uniquement pour moi** (spa, shopping, lecture, balade en forêt...).
Je note que je suis indisponible, car au fond de moi, je sais qu'il s'agit du rendez-vous le plus important de ma semaine.

Si vous acceptez une fois d'annuler ce rendez-vous, vous allez le faire à chaque fois en pensant que le client a la priorité.
Mais ne pensez-vous pas que le client qui souhaite réellement travailler avec vous peut attendre une journée ? Et qu'il préfère avoir une professionnelle pleine d'énergie que fatiguée ?

6. Je me coupe de toutes les informations négatives des personnes qui m'entourent, je ne regarde pas les informations ou les émissions de télé anxiogènes du type *Enquêtes criminelles,* ou encore *BFM TV* qui ne font que vous ressasser en boucle les catastrophes qui nous entourent.
Rassurez-vous, vous serez au courant bien assez tôt si un drame planétaire se produit.

7. Passons du côté obscur de la force : les moments de mou.

Dès lors que je me sens chonchon, que je me réveille dans le pâté, que je me cogne le pied dans l'angle du lit ou que je reçois une nouvelle énervante (bref, je sens que cette journée va être compliquée !), ni une ni deux, je ferme tout et j'annule mes rendez-vous.
Oui, je trouve plus professionnel de reporter le rendez-vous à un moment où je serai dans une bonne énergie que d'être mal lunée et à côté de la plaque.
Soit je me donne à 1 000 %, soit je ne fais pas.
Dans ces moments-là, je m'autorise à pleurer un bon coup. Et qu'est-ce que ça fait du bien d'ouvrir les vannes !
Après, je me mets sous une grosse couette devant des films à l'eau de rose et je me dis à haute voix :

> *« Bon, Aurélie, tu as ta journée déprime, c'est OK, c'est normal, accepte-le. Par contre demain, tu reprends du poil de la bête et hop, c'est reparti comme en 40, de bonne humeur ! »*

Le bonheur ultime et constant n'existe pas, sachez apprécier les moments simples de la vie et le chemin parcouru pas à pas.
Acceptez les moments de down pour apprécier les moments magiques qui vont suivrent et que la vie vous offre si vous voulez bien les voir.

Avoir une attitude et un mental positifs, un « mindset de championne », c'est avoir une foi inébranlable en vous et en vos capacités. Ce qui va vous ouvrir les portes de la réussite.

Lorsqu'un boxeur monte sur le ring, il ne se dit pas: « J'essaye, on verra bien ». Essayer ne signifie rien. Soit tu agis, soit tu n'agis pas. Donnez-vous à fond et agissez comme si tout était possible !

Garder un esprit positif en toutes circonstances, c'est la meilleure attitude à avoir.

Le succès attire l'abondance du succès tandis que l'échec attire une série d'échecs.

11

Terminé l'autruche !

Comment sortir la tête du guidon ?

Rien de mieux qu'une détox pour se focaliser sur le « Oui, tout est possible » et sortir la tête du guidon !

J'imagine que vous avez pensé directement à l'alimentation en lisant le mot « détox ». Oui aussi, mais commencez par votre lieu de vie et de travail. Faites une détox de votre appartement !

Comment avoir un esprit clair dans un bureau encombré, avec une pile de papiers sous les yeux ?

Voici quelques suggestions du chef pour une bonne détox bien-être :

- Revenir dans l'instant présent et respirer profondément, large sourire aux lèvres et apprécier la beauté de ce qui vous entoure. Ressentir la gratitude.

- Se créer des rituels cocooning, thé chaud, lecture devant la cheminée. Laisser aller votre créativité avec des dessins, de la peinture, du collage, bref tout ce qui fait plaisir à votre petite fille intérieure.

- Dîner avec des amies positives.

- S'entourer de femmes entrepreneures qui comprennent ce que vous traversez actuellement et prévoir une séance de brainstorming par mois pour avancer sur vos objectifs. Vous vous sentirez comprise et soutenue.

- Prendre une douche, tout simplement. Pour ma part, à chaque fois que je suis en période intense de travail, avec des questions, des doutes, je prends une demi-heure pour me doucher en pleine journée et lâcher le mental. Après ça, tout me semble fluide, c'est l'ouverture de la boîte aux réponses.

Vous allez me dire :

> « *Mais, Aurélie, je sais que c'est important tout ça… mais je suis tellement concentrée dans mon activité, je suis débordée, j'ai pas une seconde à moi. Oui, j'avoue, j'ai la tête dans le guidon et je m'oublie !* »

Je sais que vous êtes des femmes généreuses et que le bonheur des autres passe avant le vôtre, vos clientes passent avant vous, votre famille passe avant vous, mais honnêtement, comment pouvez-vous aider les autres, rayonner et être présente, bien dans vos baskets auprès de ceux que vous aimez si vous vous oubliez ?

Je vais vous expliquer ça autrement. Imaginez la scène :

Vous êtes dans un avion avec votre enfant. Tout à coup, l'avion perd de l'altitude, les masques à oxygène tombent du plafonnier et le commandant de bord vous donne la consigne suivante :
– Vous devez mettre en priorité votre masque à oxygène sur votre visage PUIS sur celui de votre enfant !

En tant que maman, sur le coup, cela peut sembler aberrant.

En réalité, si nous prenons le temps de réfléchir, c'est évident : si vous mettez le masque sur le visage de l'enfant et que vous vous évanouissez, vous ne pourrez plus l'aider.
Alors que si vous mettez le masque en premier, vous êtes prête à aider votre enfant.

La gratitude pour lever la tête

La gratitude est votre socle pour attirer l'abondance, relever la tête et augmenter votre énergie. Nous devrions prendre ce réflexe : avant de demander, apprenons à remercier pour tout ce que nous avons.
Nous voulons atteindre le sommet de la montagne, la réussite, le Saint Graal, mais apprécions déjà l'abondance présente au quotidien dans notre vie, notre parcours.

► **Voici un exercice que je pratique et que je vous recommande :**

Je mets plusieurs rappels « gratitude » dans mon téléphone. Cela se traduit par diverses actions : appeler ma meilleure amie, faire trois respirations conscientes, pratiquer une méditation de dix minutes...

Voici la scène : je suis à mon bureau et une douce mélodie discrète retentit, j'arrête ce que je suis en train de faire ou je finis ma tâche si nécessaire et je prends le temps de vivre le moment présent.
Je ne râle pas d'être dérangée, bien au contraire, je remercie ce rappel pour moi et mon bien-être.

Il ne faut pas oublier de reporter le rappel au hasard la semaine suivante. Personnellement, je préfère l'après-midi quand je ne suis pas en consulting.

Tant que ce n'est pas ancré dans vos habitudes, vous allez oublier de pratiquer, alors mettez des rappels !

Parfois, j'ai peur lorsque je me rends compte à quelle vitesse passe le temps, surtout au moment des fêtes et des grandes vacances.

Ces derniers mois, combien de fois vous êtes-vous dit :

> « *Il faut absolument que je prenne le temps de voir cette amie, de ranger mon bureau, de nettoyer la terrasse, de m'épiler, de trier les photos, etc. ?* »

Aujourd'hui, je vais vous donner des conseils pour ne plus courir après le temps et être maître de votre vie.

La réelle gratitude n'est pas seulement d'être reconnaissante dans les moments forts, mais de remercier pour toutes les leçons de vie reçues dans les moments creux, au lieu de pester ou de se vexer.

Osez embrasser toutes les facettes de la gratitude, autant dans ses parts d'ombre que de lumière, car derrière chaque situation sombre se cache un diamant brillant, un cadeau de la vie.

Ayez de la gratitude pour une cliente qui refuse votre proposition : peut-être qu'elle ne serait pas allée au bout, qu'elle n'aurait pas été assez engagée ou qu'elle aurait arrêté de payer au milieu de l'accompagnement.

Exprimez votre gratitude lorsque vous avez mal à la jambe et que vous ne pouvez plus courir partout. C'est certainement pour vous faire ralentir le rythme, profiter de la vie, vous reposer, revenir plus forte et prendre du recul sur votre business.

Vous vous trouvez peut-être en ce moment dans une situation qui vous semble sans issue alors que vous avez le sentiment d'avoir tout tenté pour vous en sortir.
En réalité, rien n'est figé dans le temps, c'est la réalité d'aujourd'hui, pas celle des semaines voire des mois à venir.

Reprenez confiance en la vie, en vos capacités et si vous décidez de mettre en place une nouvelle façon de penser, de nouvelles croyances, vous verrez assez rapidement qu'avec les bonnes actions, le positif arrive.

▶ **Voici un premier exercice :**

Listez dans un carnet de gratitude toutes les choses pour lesquelles vous êtes infiniment reconnaissante aujourd'hui.

Vous avez un toit ? À manger ? Un entourage ? Bon, ben, dites merci !

▶ **Voici un second exercice :**

Le soir, en allant vous coucher, glissez vos chaussons sous le lit pour que chaque matin, vous soyez obligée de vous mettre à genoux pour les attraper, dans une posture de remerciement. Remerciez la vie, Dieu, l'Univers, ce en quoi vous croyez, de vous offrir une journée de plus, une chance de plus pour graver votre empreinte dans ce monde.

Au lieu de vous focaliser sur ce que vous n'avez pas, soyez attentive à ce que vous avez déjà.
Visualisez l'objet, la personne, l'événement, la chose pour laquelle vous avez de la gratitude.
Prenez le temps de ressentir, de sourire, de voir l'amour dans chacune de ces images. Expérimentez la sérénité, respirez, remerciez.

Félicitez-vous et récompensez-vous pour chaque pas, chaque action.
Avec cet exercice, vous allez non seulement augmenter votre gratitude, mais aussi votre foi, votre confiance et votre estime de vous-même.

Cessez de vous disperser!

J'entends toujours des gens se plaindre à propos du manque de temps...

> *« Je n'ai pas assez de 24h dans une journée ! »*
> *« Je n'ai pas assez de temps. »*
> *« Je suis débordée. »*
> *« Je n'ai plus une seconde à moi, pas même pour profiter de ma famille. »*

▶ **Parlons organisation pour ne pas se laisser déborder**

D'abord, il est possible d'être très occupé et parfaitement inefficace.

Ensuite, l'argent ne rentre pas parce que l'on fait plein de choses mais parce que l'on fait les bonnes actions, c'est toute la différence entre être occupée et productive.

Videz votre mental pour faire un bon reset : aujourd'hui, vous avez environ 60 000 pensées par jour. Entre payer la cantine des enfants, trouver une robe pour l'anniversaire de votre amie, envoyer les factures à la comptabilité, ranger ce fameux tiroir à chaussettes qui bloque tous les matins...

Je vous propose de prendre le temps de vous poser dans le calme pour écrire tout. Oui, absolument tout ce qui vous encombre la tête depuis des semaines et que vous ne faites pas. Tout ce que vous avez à réaliser pour atteindre vos objectifs.

1) La première chose est donc d'écrire pour lister les tâches en fonction des objectifs.

Ensuite, il s'agit de trier le contenu par importance, avec une croix de couleur différente devant chaque tâche à accomplir:

- Rouge = urgent (à faire dans les deux à trois jours maximum).

- Orange = important, mais non urgent (à faire dans les deux semaines).

- Verte = à faire dans le mois.

Mais ça ne s'arrête pas là. La plupart du temps, je rencontre des femmes avec des to-do-lists à rallonge, enfermées dans un cahier ou un classeur. Ces listes qui ne cessent de s'accumuler au fur et à mesure que le temps passe...

Voilà bien une chose qui ne change pas: c'est notre stress et cette fameuse charge mentale qui ne faiblissent pas face à toutes ces tâches omniprésentes.

Vous pensez vous arrêter là ? Eh bien non, ça ne suffira pas parce qu'il vous manque un point essentiel de réussite.

Enfin, rangez les tâches par ordre de priorité dans votre agenda.

Vous savez, je vois des super mampreneures qui gèrent d'une main de maître leurs trois enfants, leur vie de couple, la maison et leur business. Vous vous sentez débordée ?

> ***Vous n'avez pas un problème de temps, mais de gestion des priorités.***

Offrez-vous un agenda papier à l'ancienne.
Vous vous demandez sûrement pourquoi en prendre un en papier avec tout ce qui existe en ligne. Et je ne donne pas ce conseil parce que j'ai une passion pour les agendas papier, surtout ceux qui sont très girly.
Simplement, une fois, mon téléphone m'a glissé des mains et BIM, écran noir ! Je venais de perdre toutes mes précieuses photos et tous mes rendez-vous, aïe aïe aïe...
J'espère que ce seul exemple va vous convaincre d'investir une vingtaine d'euros dans un bel agenda.
En plus, vous aurez une meilleure vision de votre semaine pour une meilleure organisation.

Prenez votre agenda, **sélectionnez deux tâches urgentes** et intégrez-les comme un rendez-vous en notant la durée. Commencez les premiers jours par intégrer les activités urgentes et petit à petit ajoutez les tâches importantes, puis les moins urgentes.

Laissez **toujours une journée libre**, généralement le jeudi, pour les imprévus. Eh oui, la vie n'est pas lisse, tout n'est pas prévisible.

Dernière chose à **bloquer dans votre agenda : deux heures uniquement pour vous**, pas pour le ménage, pas pour les enfants, pas pour le conjoint, la famille, la voisine ou le poisson rouge, mais uniquement pour votre plaisir personnel.

Un bon capitaine ne peut pas tenir et encore moins faire correctement son travail en étant fatigué, stressé, et vidé de son énergie.

> *Une leader qui réussit est une femme qui s'accorde des temps de pause.*

Vous êtes certainement en train de vous dire que vous êtes déjà tellement débordée que vous ne pourrez pas bloquer deux heures par semaine. Eh, je vous connais… Dans ce cas, je vous propose une chose magique appelée la « délégation ».

Selon la loi de Pareto : « 80 % des résultats proviennent de 20 % des efforts ».

Concrètement, qu'est-ce qui vous apporte 80 % de votre chiffre d'affaires ?

Mettez tout votre focus dessus et déléguez les tâches qui n'appartiennent pas à votre expertise, votre talent et qui vous font perdre du temps, de l'énergie et de la patience.

Souvenez-vous de l'exemple du chirurgien qui ne désinfecte pas lui-même le bloc avant l'opération…
Alors pourquoi perdez-vous des heures à faire votre comptabilité alors que vous détestez ça ?
Pendant que vous vous concentrez sur des tâches qui vous rebutent, vous perdez de l'argent, du temps, de l'énergie et vous manquez de belles opportunités.

Je sais, on se flagelle régulièrement en voyant tout ce qui n'a pas été fait sur cette fichue to-do-list à rallonge, à cause de notre pseudo manque de temps. Il a bon dos, celui-là…
En réalité, nous avons du temps pour ce que nous voulons bien. Jouons au jeu de la sincérité :

- Vous ne regardez jamais la télévision ? Calculez le nombre d'heures par semaine.

- La perfectionnite aiguë ne vous oblige-t-elle pas à recommencer cinquante fois un seul post ou une seule vidéo ?

- Vous arrive-t-il de passer des heures à chercher le petit motif que vous voulez absolument mettre sur votre visuel ? Au passage : ce motif ne va pas apporter de réelle valeur ajoutée, tout le monde s'en fout !

- Vous ne perdez pas des heures sur les réseaux sociaux ? Ce fameux attrape-nigaud dans lequel on tombe toutes. Au départ, vous cherchiez un groupe d'échanges, puis sur le groupe, vous avez vu une personne qui partage de bonnes idées, alors vous avez cliqué sur son profil. Là, vous êtes tombée sur une vidéo de chaton trop mignon.

À peine la lecture terminée, vous avez été redirigée vers une vidéo sur les 7 clés du bien-être...

Mais ohhhhhh, vous êtes foutue là, sans même vous en rendre compte, vous êtes prise au piège comme dans Jumanji et la partie dure jusqu'à midi !

Il n'y a pas à tortiller, pour travailler efficacement, soyez intransigeante : coupez toutes les distractions, notamment les mails, les bips de notifications, le vibreur du téléphone, désactivez la sonnette, et souvenez-vous : le temps n'est pas une ressource que l'on a, mais que l'on prend !

Définissez un plan de match

Désormais, vous avez compris l'importance du focus et de la gestion de vos priorités, il est temps d'établir votre plan de match. Prendre l'habitude de développer et établir des habitudes positives mène à la paix de l'esprit, à la santé et à la sécurité financière.
Vous êtes ce que vous êtes à cause de vos habitudes, vos pensées et vos actes.

Demandez-vous :

- À quel round suis-je actuellement ?

- Quelles sont les habitudes que je dois mettre en place pour préparer le prochain round ?

- Quand vais-je m'entraîner ?
- Comment vais-je me récompenser de mes efforts ?
- Qui devrait être mon entraîneur ?
- Si je dois choisir une habitude à abandonner sur le champ, c'est laquelle ?
- Si je dois choisir une habitude à prendre au plus vite, c'est laquelle ?

12

Les 14 erreurs qui tuent votre business

1. *Posez-vous un cadre*

Pour obtenir une transformation dans son entreprise, comme dans sa vie personnelle, il est essentiel de poser un cadre, aligné avec soi-même et ses actions.

Lorsque j'ai débuté, j'avais ce petit syndrome de l'imposteur, « ce petit diable » bien posé sur mon épaule :

– *Aurélie, tu dois prouver que tu es bonne dans ce que tu fais. Tu es nouvelle dans le domaine entrepreneurial sur le web, alors pourquoi on devrait te croire ?*

Je l'ai bien écouté, j'ai sauté les deux pieds joints dans la mascarade en voulant satisfaire tout le monde, être mignonne, en donner le plus possible pour prouver aux autres ou me prouver que j'étais capable et surtout que j'avais la solution à leur problématique.

En bref, je me suis lancée dans l'aventure sans fin du gratos et de la sauveuse : le duo gagnant pour tuer son business !

Je passais des heures sur mes réseaux à donner le maximum de mes connaissances et sans m'en rendre compte, je me suis retrouvée envahie de messages privés sur Messenger, passant des heures à répondre à toutes les questions.

Bilan des courses : Prospect 1 - Moi 0.

Je ne vendais rien à ces personnes.
Soyons honnêtes, si vous vous laissez embarquer dans l'engrenage du gratuit, en répondant à une question, puis deux, puis trois, la personne ne s'arrêtera pas, elle va vous pomper vos connaissances, votre temps et votre énergie jusqu'à la moelle.

Quand enfin je décrochais un « appel découverte » (ce qui était rare, environ une ou deux fois par mois), je réalisais une véritable analyse de toute l'activité de la personne, son site, son client idéal, ses réseaux, son offre, tout y passait. Au total, je faisais une heure trente de consulting intense à donner, donner, donner tout ce que je savais pour prouver que j'étais une experte en la matière. À la fin du rendez-vous et une fois que j'avais répondu à absolument toutes les questions de mon interlocutrice, je lui souhaitais une très belle journée sans oublier de lui demander de me tenir au courant de l'impact de mes conseils.
Je raccrochais ravie et fière de ma performance.

Ce petit manège a duré trois mois et j'ai terminé vidée. Moralement, j'étais épuisée parce que je me rendais bien compte que quelque chose n'allait pas.

Un soir, mon conjoint, ayant entendu une de mes séances dans le bureau d'à côté, a provoqué en moi une sorte d'électrochoc en me posant cette question :
– *Alors tu as un nouveau client ?*
– *Non, mais si tu voyais tout ce que je lui ai trouvé comme idées ! ai-je répondu, toute fière.*
– *Super, mais tu comptes te faire payer un jour ?*

J'ai bien saisi le problème et j'ai actionné le mode Buffy contre les vampires. J'ai ancré en moi une nouvelle pensée :

> *« Je ne suis pas une association à but non lucratif ni une wonder woman venue sauver les plus démunis. Je suis dirigeante d'une entreprise. »*

À partir de là, je me suis posé un cadre.
Je me suis donné comme obligation de proposer mes services à la fin de chaque séance : je peux faire un bilan de la situation pour analyser ma capacité à aider cette personne, mais je ne donne pas mon savoir qui a de la valeur.
Pour finir, j'ai décidé de poser cet engagement haut et fort et j'en ai carrément parlé dans mes lives, en énonçant les nouvelles règles de manière très transparente :

> *« Je ne suis pas là pour répondre à toutes vos questions business sur Messenger. Si vous souhaitez un accompagnement, merci de me contacter à telle adresse.*
> *Si vous ne souhaitez que du gratuit et que vous ne voulez pas investir sur vous-même, je ne suis pas la bonne personne à contacter. »*

L'effet a été quasi immédiat: plus aucun message privé, mais un nombre croissant de demandes de rendez-vous. Vous savez, le plus important n'a pas été de poser le cadre à ma communauté, dans mes vidéos ou publications, mais de poser ce cadre à moi-même.

C'était ma responsabilité, je laissais une grande porte ouverte à ce manège, car je n'étais pas au clair sur mes objectifs et sur ma mission qui n'est pas de sauver le monde.

Posez-vous un cadre qui respecte vos valeurs, votre temps et vous en tant que personne. Et éloignez les vampires !

2. Le travail en sous-marin

Avez-vous tendance à dire :

> *« J'attends que mon site soit parfait. »*
>
> *« J'attends de recevoir mes cartes de visite, mon nouveau logo. »*
>
> *« Le visuel de mon offre n'est pas comme je le souhaite. »*
>
> *« J'attends ci et ça »* ?

La plupart des entrepreneurs débutants attendent que tous les voyants soient au vert pour se lancer, en étant certains d'avoir tout calculé, tout étudié, tout contrôlé.
En réalité, ne serait-ce pas un moyen de se cacher ?

Toutes ces formalités, ces techniques ne sont-elles pas une façon de repousser le moment fatidique de se lancer et de se confronter à la réalité ?

Notamment à vos clients et compétences.

Pourtant, il y a un moment où il va falloir se bouger le cucul, madame ! Rester cachée derrière son ordinateur n'aide ni à remplir le frigo, ni à remplir sa mission. C'est comme espérer être vue en restant… dans le noir !
C'est un savoureux mélange de perfectionnisme et de procrastination saupoudré de vos peurs profondes.

Imaginez : vous passez six mois à tout préparer, fière de vous, vous courez sur les réseaux annoncer la grande nouvelle, la bouche en cœur et les bras grands ouverts et là ?
C'est le flop !
Personne ne vous voit, personne ne vous entend, car vous n'étiez pas visible jusque-là. Il faut compter en moyenne six mois en version naturelle et gratuite pour commencer à avoir ses premiers abonnés fidèles.

Je recommande à mes clientes de couper leurs journées en deux : une moitié en sous-marin (création de l'offre, articles de blog, vidéos…)
Et l'autre moitié à rayonner, transmettre, se rendre visible pour créer du lien, de la confiance, et attirer de nouveaux prospects.
Rassurez-vous, vous aurez tout le loisir de peaufiner votre offre de service au fur et à mesure de vos avancées.

3. STOP à la comparaison :

Je ne suis pas devenue une winneuse en dépassant les autres, mais en me dépassant moi-même. Se comparer pour évoluer et se donner un challenge, oui !

Votre chapitre 1 n'est pas le chapitre 7 d'une autre ! Vous ne deviendrez pas une winneuse en dépassant les autres, mais en vous dépassant vous-même. Prendre les autres en exemple pour s'inspirer et se fixer des challenges ? Oui !

Mais attention : quand vous observez quelqu'un avec les yeux du Chat Potté de Shrek, en mode « pauvre de moi », vous oubliez que vous n'avez aucune idée de son histoire, ses souffrances, ses échecs, sa prise de risque et ses investissements pour atteindre ce que vous convoitez tant.

Toute femme triomphante a connu une période de down... Mais vous seule tenez chaque matin votre futur dans vos mains, vous seule pouvez appuyer sur action, il n'y a pas de fatalité ! Que des décisions.

4. Tout mettre sur le dos de la chance

« Je n'ai pas de la chance, j'aide la chance. »

Pensez-vous que les autres ont forcément plus de chance que vous ? En ce qui me concerne, voici ma croyance : je n'ai pas de la chance, j'aide la chance.

Est-ce que vous vous êtes sentie soutenue, aidée, encouragée par votre entourage ? Personnellement, non.
Mes amis hommes notamment, ne concevaient même pas qu'il existe des thérapeutes et des coachs pour aider les autres. Dans leur tête, les gens se débrouillent seuls et n'ont besoin de personne.

Un jour, un de mes amis dormait chez nous et a entendu une de mes conversations avec une cliente. Il était intrigué :
– *Mais ça marche réellement ton truc ? Les gens ont besoin d'aide ?*

Ni une ni deux, je lui ai proposé de me suivre au bureau et d'assister à une de mes séances. À la fin, il était stupéfait :
– *Waouh, je ne m'attendais pas à ça ! Je t'avoue que j'étais sceptique quand tu m'en as parlé la première fois, mais là je vois les résultats de tes clientes et je comprends vraiment l'importance d'un accompagnement.*

Au fur et à mesure que j'augmentais mes revenus, mon train de vie, ma notoriété, ceux qui riaient ou doutaient au démarrage de mon activité cherchaient par la suite le « comment ».
Au début, ils me regardaient de loin en pensant que ce n'était qu'une passade.
Aujourd'hui, alors que j'ai deux sociétés, que je suis appelée à de grands événements pour raconter mon parcours, mon expertise, par exemple, pour obtenir un article de magazine ou pour être rémunérée en tant que conférencière, ils ont désormais du respect pour ma ténacité.

Il vous arrivera la même chose.

Ce n'est pas que votre famille ou vos amis soient durs ou qu'ils ne souhaitent pas votre réussite. C'est simplement que vous réveillez en eux leurs propres peurs, manques, échecs et insécurités. Au fond d'eux, ils rêveraient pour la plupart d'oser sortir de leur zone de confort et de quitter un CDI pour l'entrepreneuriat.
Ils essaieront peut-être de vous dissuader de sortir du moule dans lequel ils ont eux-mêmes été placés depuis leur scolarité. Leur mépris ou leurs reproches sont en réalité un message d'amour caché :

> « *Je ne veux pas que tu te jettes dans le vide et que tu souffres. Prends un job de salarié comme tout le monde, c'est plus sécure !* ».

Donc bravo à vous d'entreprendre vos projets et votre vision. Vous êtes une femme de courage et si vous êtes capable d'outrepasser les jugements de vos proches, le jugement des inconnus pour vous rendre visible devrait être de la gnognotte à côté de ce pas de géant !

Lorsque votre pourquoi profond est très fort, brûlant dans votre cœur et dans vos tripes, à ce moment-là, peu importe ce qu'en pensent les autres. Peu importe les regards, l'important, c'est vous et vos convictions.

Est-ce que ce sont eux qui régleront vos factures ? Est-ce que ce sont eux qui vont s'éteindre à petit feu dans un job alimentaire ? Est-ce que ce sont eux qui vont vivre avec des regrets ?

NON. Vous êtes seul maître de votre vie.

Encore un point important que je souhaite aborder :

Parfois, j'entends :
– *Moi, mon mari n'est pas entrepreneur, donc il ne me soutient pas. Il ne peut pas me comprendre, donc j'ai moins de chance qu'une autre.*

Faux !

Mon conjoint est dirigeant de sa société et c'est tout aussi difficile. Pourquoi ? Parce qu'il a ses propres soucis, ses propres doutes. Imaginez la multiplication des tracas avec nos sociétés.
Oui, il sait ce que c'est d'être chef d'entreprise. Mais ce n'est pas pour autant qu'il a les ressources de temps et d'énergie pour m'aider ou me conseiller.

Comment faire dans ce cas-là ?
N'hésitez pas à vous entourer d'autres entrepreneurs ayant les mêmes ambitions et valeurs que vous pour vous soutenir mutuellement.

5. Arrêtez d'attendre des réponses de l'extérieur ?

> ***Quand vient le moment des choix, donnez-vous pour mission première de respecter votre cœur, votre intuition pour être heureuse avant tout.***

La plupart du temps, notre premier réflexe en cas de doutes, est de demander de l'aide à l'extérieur : c'est-à-dire aux amis, à la famille, au conjoint, en espérant qu'il nous délivre le Saint Graal. Sauf que personne ne vous connaît mieux que vous. Oui, vous pouvez demander des avis, des recommandations, mais n'oubliez jamais, de qui viennent ces recommandations ?

Parce qu'entre nous, j'ai rencontré un paquet de fois la bonne copine entrepreneure qui donne des conseils à suivre à la lettre, mais qui ne vit pas elle-même de son business.

Faites-vous confiance, une fois pour toutes, pour prendre la décision finale.

Si vous hésitez entre deux options :
Prenez une pièce de monnaie et choisissez une face par option. Lancez-la et observez votre réaction en fonction du résultat.

Pas de panique, je ne joue pas votre destinée sur un lancé de pièce. Simplement, lorsque l'on se tracasse sur un choix, c'est à cause de notre mental, de nos peurs, de notre éducation, de nos croyances.
Quand la pièce va retomber, le premier ressenti viendra immédiatement de votre cœur et de votre intuition. Votre inconscient connaît le bon choix.
Peut-être que vous allez vous surprendre à espérer que la pièce tombe sur une face en particulier.

Et si vous ressentez immédiatement une déception quand elle tombe, prenez l'autre option. Voilà votre réponse.

Je me sers parfois de cette technique lors de mes accompagnements sur un choix de tarifs, ou autre dilemme et ça marche à tous les coups, c'est épatant ce qu'une pièce de monnaie peut faire !

6. *Arrêtez de vous excuser !*

Je trouve qu'il n'y a rien de pire que de tomber sur une personne gênée, qui s'excuse presque de vendre, voire d'exister et qui ne souhaite absolument pas vous déranger (donc, c'est promis, elle ne vous enverra pas trop d'emails, disons un tous les trois mois et encore...). Et pour être certaine que vous ne puissiez pas penser qu'elle souhaite gagner de l'argent, elle ne parlera jamais de ses offres d'accompagnement.

J'ai trois choses à vous dire :

1. Celui à qui cela ne convient pas n'a qu'à arrêter de vous suivre. De toute façon, il ne vous a jamais rien acheté.

2. On ne peut pas plaire à tout le monde. Dieu merci.

3. Au pire des cas ? Vous décrochez un nouveau client en proposant votre programme !

Donc, je vous le dis en toute bienveillance : assumez haut et fort vos ambitions en osant prendre votre place !

7. *Ce n'est pas la taille qui compte...*

Souvent, on me demande :

– *Aurélie, combien de temps doit durer ma vidéo de présentation ?*

– *Combien de pages doit avoir mon offre pour être bonne ?*

– *Combien de mails dois-je envoyer à ma liste par mois ?*

– *Combien de mots doit compter mon article ?*

Arrêtez de vous poser ces questions :
Ce n'est pas la taille qui compte, mais la qualité.

En tant que lectrice, vous préférez un article de 2 000 mots avec une seule pépite à la fin ou en trois phrases impactantes ?

Allez-vous vraiment penser que l'autre ne s'est pas cassé la tête avec ses trois lignes ? Non. Vous allez faire un screenshot ou prendre des notes et vous allez dire « wow, c'est puissant ! ».

8. *Mettez en place une stratégie personnalisée*

Une stratégie sur mesure correspond à vos valeurs, votre personnalité et vos ambitions.

▶ **Stop au marketing espoir :**

– *J'espère que le téléphone va sonner.*

– *J'espère que le bouche-à-oreille va fonctionner.*

– *J'espère qu'une personne va tomber sur mon site et prendre rendez-vous.*

Je vous conseille vivement de créer une véritable stratégie personnalisée en ayant votre main bien positionnée sur le boîtier de vitesse et de choisir :

- de passer la cinquième lorsque vous avez besoin d'augmenter votre attraction de clients ;
- de rétrograder selon vos projets dans l'année, sans pour autant diminuer la visibilité pour rester en connexion avec votre communauté.

Prenez l'**exemple de l'agriculteur,** qui est selon moi une parfaite illustration :

Pensez-vous qu'il sème ses graines en plein hiver sous dix centimètres de neige ?

Pensez-vous qu'il effectue la récolte le lendemain de la semence ?

Un agriculteur a une stratégie parfaitement affinée et étudiée. Rien n'est laissé au hasard. Et surtout, il sait que celui qui sème peu récolte peu, alors que celui qui sème beaucoup ? Récolte beaucoup !

Voici les étapes :

- **Étape 1 : Semer**

Avez-vous déjà vu des plantations vues du ciel, en prenant l'avion par exemple ? Tout est parfaitement rectiligne.
Lorsque l'agriculteur sème avec son tracteur, il ne traverse pas en long, en large, en rond, en triangle. Il commence d'un côté, avance tout droit, revient en laissant quelques centimètres sur la rangée d'à côté, puis repart, toujours en formant des lignes droites. La distance est la même entre chaque graine semée.

- **Étape 2 : Patienter**

L'agriculteur choisit un champ fertile. Il attend la bonne saison pour semer puis plusieurs mois pour récolter les fruits de son travail. Il sème mille graines pour en récolter cinq cents.

Dans l'entrepreneuriat, c'est la même chose : faites attention aux moments où vous posez vos actions, bonne période, bonne heure et bon endroit pour obtenir des résultats.

Voici un exemple : un jour, un client m'a dit qu'il avait prévu d'envoyer un email le jour de Noël pour faire une offre à ses clients. Je ne pense pas que ce soit une bonne stratégie : les gens sont en famille ou sur la route pour la rejoindre, ils ne vont pas se concentrer sur leurs emails et encore moins prendre le temps d'acheter un service en pleine dégustation entre le saumon et la bûche.

Votre récolte peut prendre plusieurs mois avant de donner des résultats.

> *La patience et la persévérance sont des caractéristiques essentielles d'un bon entrepreneur. Sans elles, vous risquez de déchanter assez vite...*

- Étape 3 : Surveiller - analyser

L'agriculteur doit surveiller les semences pour avoir une meilleure récolte.
Après avoir semé, il va revenir plusieurs fois pour mettre des bâches selon la température, installer des épouvantails pour faire fuir les oiseaux, etc.

S'il se rend compte que le champ A a produit 4 000 kg de maïs et le champ B 400 kg, il ne va pas continuer à dépenser son temps et son argent sur le deuxième terrain.

C'est la même chose pour nous : nous devons faire des analyses de ce qui fonctionne ou pas, afin d'éviter de perdre notre temps sur des tâches qui ne nous rapporteraient aucun résultat.

Voici un exemple :
Semer sur deux champs différents est équivalent pour vous à poster deux fois par jour les mêmes posts sur Facebook et sur Instagram pendant MINIMUM trois mois pour une bonne analyse. Et si un réseau ne vous donne aucun retour, arrêtez.

Laissez-moi vous raconter une anecdote qui a pulvérisé mon compte en banque par manque de surveillance.

Étant prise par d'autres projets, j'ai investi dans une publicité que j'ai laissé tourner sans surveillance quelques jours. Un matin, j'ai reçu un mail qui m'informe d'une succession de prélèvements sur mon compte bancaire avec des montants de 300 euros, 400 euros, 345 euros...
Ni une ni deux, j'ai additionné tout ça et là, mon coeur a bien failli lâcher : 4 590 euros de budget publicité.
Oui oui, je vous parle bien en euros !

« What ???? Mais c'est quoi ce cirque ?! »

J'ai alors pris le temps de regarder ce qui se passe et j'ai découvert avec énervement, stupeur, et colère que j'avais mal coché une simple case. Du coup, au lieu d'investir 300 euros par campagne de pub, j'avais investi 300 euros par publicité.

Vous me connaissez... Ma première envie était de me jeter du balcon ! Après réflexion, j'ai reconnu mon erreur et ma responsabilité, et j'ai cherché l'apprentissage à en retirer. Donc, la prochaine fois, je ferai attention. De toute façon, à quoi ça sert de se morfondre trois jours ?
Ce qui est fait est fait !

J'ai également cherché le côté positif, le fameux cadeau caché. Cette « erreur » m'a ramené 400 potentielles clientes prêtes à investir dans les mois suivants.
J'ai tout de suite posé cette intention et cet objectif.
Il me fallait maintenant entrer dans la phase de séduction, de confiance et de partage, pour leur faire découvrir la valeur de mes accompagnements.

▶ **Pourquoi votre système doit-il être personnalisé ?**

De même que vous êtes unique, votre système ne doit pas être celui d'une autre.

Je me souviens d'une coach qui m'avait contactée et m'avait avoué, sans cligner des yeux ni même bégayer, avoir reproduit exactement tout ce qu'elle voyait de moi sur mes réseaux, mon attitude, le côté ironique cash, le type d'emails et même la présentation de mes webinaires.

Sur le coup, je suis restée muette, scotchée par son honnêteté. Et en même temps, je vous avoue que j'étais très en colère. Oui, on peut s'inspirer les uns les autres, nous le faisons tous, sans exception, mais voler le travail que j'ai mis des années à construire mot à mot ? Ça non !

Elle a fini par m'expliquer l'objet de son appel :
– *Je n'avais pas envie d'investir, je pensais que je pouvais juste dupliquer, mais je n'ai pas les résultats escomptés, c'est pour cela que je reviens vers toi aujourd'hui.*

Ma seule réponse a été :
– *Dans une entreprise, il y a le visible et les coulisses. Ce que tu vois en ligne est le résultat de tout ce que je fais en coulisse.*

Voilà pourquoi vous devez absolument créer votre propre système.

De plus, en essayant d'être quelqu'un d'autre, vous allez susciter l'adhésion d'un type de clientèle attiré par cette énergie… qui ne vous correspond pas !
Puis, chassez le naturel… il reviendra au galop. Et ce jour-là, plus personne ne vous reconnaîtra et vous ne vendrez plus vos services.

Seule votre offre signature vous permet de transformer vos prospects en clients. Elle met en valeur à la fois vos services et la transformation que vous apporterez à vos clients.

Vous devez avoir une stratégie précise pour gagner en clarté et savoir exactement où diriger vos efforts pour être efficace.

9. Mettre en avant vos outils comme preuve de légitimité

Ne vous trompez pas d'angle d'attaque, comme les trois quarts des prestataires de services présents sur le net, en mettant votre boîte à outils en avant.
Vos clients se foutent de vos diplômes et de vos outils…
Pourquoi ?
Parce que des milliers de professionnels utilisent les mêmes que vous.

Comment choisir entre cent professionnels qui présentent les mêmes outils ? Quelle est leur différence ? Aucune.
C'est là votre chance d'être l'élue...

En réalité, ce qu'attend votre client et ce qui vous référencera comme la professionnelle à choisir, c'est le résultat de transformation que vous apportez grâce à votre accompagnement.

▶ Prenons un exemple concret

Imaginons que vous vouliez perdre du poids. Dans ce cas, vous vous en fichez qu'on vous explique en long, en large et en travers que vous devez boire du thé de tilleul le matin et prendre trois gélules le midi.
Vous, ce que vous voulez, c'est qu'on vous guide pour apprendre à manger équilibré et perdre vos 10 kg.

On est d'accord sur cet élément essentiel ?
J'espère que j'ai été assez convaincante sur ce point pour que vous osiez enfin parler de votre parcours, de votre différence, de votre mission. Ainsi, permettez à vos prospects de prendre conscience de votre grande valeur de femme battante que vous mettez à leur service.

Une fois cette étape de connaissance et de confiance franchie, proposez-leur vos services comme un cadeau, pour les aider à transcender leurs blocages et leurs souffrances.

10. *Foutez-vous la paix!*

Ce qui bloque la réussite réside souvent dans le contrôle et l'attente.

De nombreuses femmes souhaitent réussir, faire la différence, contribuer et attirer l'abondance. Mais dans les faits, elles attendent le miracle ou la preuve que tous les feux sont au vert pour agir, avec une garantie de réussite sans embûches.

Mais la vie n'est pas une ligne droite toute tracée, avec une garantie « satisfait ou remboursé ».

Il est impossible de savoir si chaque action ou décision que vous prendrez sera LA BONNE DÉCISION.
Alors, passez à l'action dans le concret pour observer, ajuster, affiner et recommencer jusqu'à obtenir la réalisation de vos rêves.

À partir du moment où vous mettez votre foi en action, votre confiance dans les mains de Dieu, l'Univers, ou peu importe ce en quoi vous croyez, il ne s'agit pas de religion, mais de FOI, vous recevrez des opportunités correspondant à vos demandes et vos croyances.

Cessez de vouloir contrôler quelque chose qui justement vous freine et vous bloque dans vos réalisations.

Si vous agissez avec la peur de prendre une mauvaise décision, d'échouer, voire de réussir, autant vous dire que c'est VOUS qui créez votre propre échec en n'agissant pas...

Comment pourriez-vous arriver à destination sans avoir desserré le frein à main ?

Aujourd'hui, je décide d'agir. Au pire, j'échoue et je recommence, mais je préfère largement ça aux regrets.

Acceptez qu'il est normal de vivre des situations difficiles et comprenez que c'est un merveilleux cadeau de la vie qui se cache derrière.

Votre réussite dépend également de votre rapidité d'implémentation, car mieux vaut une mise en pratique imparfaite aujourd'hui, plutôt que presque parfaite dans cinq mois. **L'imperfection prime sur la procrastination.**

Si vous voulez réussir, vous devez accepter d'échouer en pensant progression à la place de perfection.

11. *Être la meilleure ?*

De qui suivez-vous les conseils ?

Suivre les conseils de ceux qui ne sont même pas entrepreneurs, des amies, de la famille, de tonton Georges ou d'entrepreneurs qui n'ont pas fait le chemin que vous visez n'est pas la meilleure des stratégies.

Et si vous êtes dans un mastermind où vous réalisez que vous êtes la personne la plus douée et intelligente dans votre thématique, c'est que vous n'êtes pas au bon endroit !

Suivez plutôt des mentors, investissez dans des personnes ayant déjà fait le parcours et atteint l'objectif qui vous fait tant rêver.

La réussite ultime faite uniquement de hauts et de sommets n'existe pas. Mais rassurez-vous, après l'orage et les tempêtes émotionnelles vient toujours le beau temps.
C'est une réalité, la courbe lisse ou en constante évolution connaîtra forcément des baisses plus ou moins importantes selon votre avancée. La ligne droite, le tracé plat n'existe qu'à l'hôpital, sur le monitoring d'une personne en fin de vie.

Lorsque vous êtes en haut, profitez-en pour réaliser ou lancer de nouveaux projets pendant que votre énergie et vos vibrations sont excellentes. Lorsque vous êtes dans le creux de la vague, acceptez et verbalisez-le à voix haute ou par écrit :

> *J'accepte cette période qui m'ébranle dans mes émotions car je sais qu'un cadeau m'attend.*

12. *Boulimique de formations, anorexique d'actions ?*

Se faire accompagner, vous l'avez compris, c'est un excellent cadeau que vous pouvez vous faire pour évoluer mais agir est essentiel. Sachez que le plus important et ce qui vous conduit au succès ne sont pas ce que vous savez mais **ce que vous faites de ce que vous savez.**

Aujourd'hui, vous êtes comme un cheval avec des œillères sur ce que vous savez, ce que vous avez vécu, vos peurs, vos croyances et votre perception de la vie. Mais quand vous déciderez d'investir en vous pour évoluer, que ce soit avec une consultante en affaires, une thérapeute, une coach ou peu importe, vous arriverez avec cette personne à enlever vos œillères. Ainsi, vous allez élargir votre vision et créer de nouvelles possibilités que vous n'aviez peut-être jamais envisagées jusque-là.

Désormais, votre horizon est ouvert.
Mais, sans actions ? Vos rêves restent dans le domaine de l'imaginaire ! Vous seule pouvez décider de créer votre futur, un pas après l'autre, grâce à des actions concrètes.

J'emploie régulièrement cette expression révélatrice :

Boulimique de formations, anorexique d'actions.

Entre nous, combien d'heures avez-vous passées à lire, regarder des conférences offertes, et des webinaires pour combien de passages à l'action concrets ? Honnêtement ?

L'implémentation et la vitesse à laquelle vous allez passer à l'action vont vous permettre d'accélérer vos résultats.

13. Le syndrome de l'objet brillant

La plupart des gens courent au premier objet brillant, « mon précieux ». Plutôt que de se poser pour établir un mind-mapping et une stratégie de réussite, ils préfèrent le dernier système à la mode, la fameuse nouvelle technique miracle ou la formation qui sort tout juste du four !

Je sais exactement ce que c'est, j'ai été touchée par ce syndrome de l'objet brillant.
Ma soif de challenge me faisait passer à l'action si vite, qu'en une journée, je pouvais créer une offre, tourner deux vidéos, écrire une conférence et un article en même temps.

J'étais une poule sans tête.

J'écrivais un mail, j'entendais le bip de mon téléphone, je lisais le message, ça me faisait penser à une cliente donc je lui laissais un vocal, pour finir par lancer une lessive...
Et à ce moment-là, je lâchais mon mental un millième de seconde pour retourner à une nouvelle idée, tout en me disant « *Euh, mais tu te calmes quand ?* ».

On m'a souvent demandé combien on était dans ma tête, mais en réalité, j'ai besoin d'être remplie, c'est mon mode de fonctionnement et celui avec lequel je me suis construite. Et, entre nous, je cartonne comme ça.

J'avoue tout de même que ça serait pas mal d'avoir un bouton off à enclencher pendant une semaine.

J'avais dix projets à finir, mais je me laissais happer par de nouvelles propositions alléchantes. Je vous le donne en mille : je me mettais une charge de travail digne des douze travaux d'Hercule, à accomplir pour hier ! Et j'ai fini par m'épuiser.

Vous aussi, vous pensez déjà à une nouvelle offre, avant même d'avoir pris le temps de faire vivre la première, voire de l'avoir proposée ? Vous êtes une boulimique du développement personnel passant beaucoup de temps à regarder des vidéos, des formations, et des podcasts, en veux-tu en voilà ?

Si oui, la suite va d'autant plus vous intéresser. Il y a un an, j'ai pris des décisions radicales :

1. **Me recentrer sur mon pourquoi profond,** mes valeurs et mes objectifs, afin de me canaliser sur les fondations de cœur.

2. **Poser un cadre** pour moi-même en n'acceptant aucun projet tant que ceux du moment ne sont pas parfaitement aboutis sauf si je tombe sur THE projet, celui qui peut vous faire oublier votre famille, Félix le chat et Maurice le poisson rouge. Non, ne déconnons pas avec le poisson, y'a des limites !

3. **Noter mes idées qui fusent sur un petit cahier** sans entrer dans les détails pour ne pas me disperser.

4. Inscrire mes objectifs et mes événements de l'année sur un planner afin de laisser des plages libres pour de nouvelles opportunités (semaines de promotion, conférences en ligne, vidéos en live, voyages, etc.).

5. Faire le point tous les six mois afin de vérifier que je ne me désaxe pas, car il est très facile de retomber dans ses vieux travers...

14. *Quantité vs Qualité*

Soyez une professionnelle de qualité en plaçant toujours l'humain au centre de votre accompagnement.

Au-delà du côté financier à prendre en compte, n'oublions pas le côté humain.
Quelle joie et quelle gratitude pour moi de recevoir des messages enthousiastes de mes clientes !
Par exemple de celles qui vivaient, quelques temps avant notre rencontre, avec 500 euros par mois, la peur au ventre du mois suivant avec une pile de factures s'accumulant, et qui aujourd'hui ont multiplié leur chiffre d'affaires par trois, quatre, ou cinq !

Mais surtout, surtout, surtout, jusqu'à trouver leur liberté et leur bonheur d'être et de rayonner sur leur chemin de vie. Mes clientes ont enfin la liberté de passer plus de temps avec leurs enfants et de faire des pauses pour prendre soin d'elles.

Waouuu, merci la vie !

Mais, pour atteindre ces résultats, il faut placer l'humain en priorité dans vos accompagnements : c'est une relation de femme à femme.

Certes, vous pouvez trouver des formations audio, des ebooks à la pelle sur internet qui demandent un investissement moindre, mais **là où réside la réelle valeur de transformation, c'est dans l'humanisation.**

Il y a une différence fondamentale entre :

- Les vendeurs d'informations en vidéo chez qui il suffit d'appuyer sur un simple bouton « Oui, je veux acheter cette formation ».
  Dans ce cas, peu importe qui achète et surtout, peu importe les résultats que l'on vous promet, seul l'aspect financier prime.

- Et les accompagnants qui mettent de l'humain au cœur de leur processus pour obtenir des résultats pour leurs clients, en plus de leur procurer une expérience client au-delà de leurs attentes.

Dans quelle catégorie vous trouvez-vous actuellement ?

Faites le point au fur et à mesure de vos avancées pour être certaine de ne pas transgresser vos valeurs en étant détournée par le fameux « objet brillant ».

Ahhhh si je comptais le nombre de clientes qui m'ont

contactée après avoir acheté plusieurs formations qu'elles n'ont jamais terminées ni même ouvertes ou des formations qui restent en surface...

Évidemment qu'en n'investissant que 300 euros dans une formation, vous ne pouvez pas vous attendre à remporter le jackpot.

On ne peut pas avoir le beurre et l'argent du beurre : vouloir payer le moins cher possible et obtenir des résultats miraculeux en un temps record.

Soyons réalistes, oubliez les promesses de création d'un business en ligne prospère qui vous permettrait de vivre confortablement en deux mois.

Attention, je ne dénigre pas les formations vidéos, car il y en a de grande qualité, que les choses soient claires. Mais je mets un point d'honneur à prendre le temps de vous expliquer l'importance d'humaniser vos services pour fournir un maximum de qualité.

Je me souviens de cette cliente qui sortait d'une formation de groupe de six mois et qui ne comprenait pas pourquoi elle n'obtenait pas de résultats, alors qu'au premier abord elle semblait tout avoir. Sur le papier, elle avait pourtant les bonnes étapes à suivre.
Ne comprenant pas où ça pêchait, je lui ai demandé des précisions sur le fonctionnement de ce groupe et sur le déroulé. Et là, le constat était simple : comment pouvait-elle réussir alors qu'en dehors des formations vidéo, le consultant n'avait jamais validé son travail ?

Vous avez bien lu, personne.
Il s'agissait d'une cohorte de vingt personnes qui devaient se regrouper par quatre et s'entraider.

Cela me paraissait dingue, elle me racontait son expérience et je restais sans voix !

Concernant la création d'un groupe, je la conseille vivement car c'est une motivation exceptionnelle pour favoriser la constance, pour se soutenir, s'entraider, avoir des avis et être entourée dans les moments difficiles.
Et ces mêmes participantes pourraient être vos clientes idéales voire vos futures partenaires pour votre entreprise.

Mais comment quatre femmes en recherche de résultats peuvent-elles valider, uniquement entre elles, une transformation qu'elles n'ont jamais réussie dans ce domaine jusque-là ?

Je suis contre ce système et j'interdis à mes clientes de voir uniquement un chiffre, et de vendre de la formation ou de l'accompagnement sans jamais proposer au minimum une heure d'accompagnement personnel.

C'est grâce à ces nombreux retours non concluants que j'ai compris où étaient ma différence et ma valeur ajoutée. Il est essentiel, voire obligatoire, de travailler ensemble pour donner de la qualité.
Je veux faire vivre une expérience « waouh » et être présente au sein de tous mes accompagnements pour :

- vérifier que mes clientes avancent et comprennent chaque pilier ;

- avoir du temps de qualité avec elles pour aligner des outils marketing qui respectent leurs valeurs et leur personnalité, car nous sommes tous uniques.

En tant que professionnelle de l'accompagnement, vous avez pour mission de proposer, donner ce qui fonctionne pour aider la personne, même si elle seule décide de ce qu'elle en fera.

L'avantage considérable d'un accompagnement personnalisé pour votre cliente, c'est d'obtenir des réponses instantanées pour qu'elle passe à l'action et atteigne son but plus rapidement et avec plus de confiance.

Que ce soit en groupe ou en individuel, vous devez valider chaque étape de votre cliente pour qu'elle puisse ensuite affiner et obtenir des résultats concrets et durables.

Je me souviens de cette pauvre cliente qui tournait en rond : elle avait identifié un client, créé une offre, mais ça ne fonctionnait pas. Pourquoi ?
Elle n'avait eu aucun conseil personnalisé ni la validation de ses avancées.

Oui, faire du one shot et avoir des résultats sur quelques ventes c'est bien, faire 5 000 euros de ventes aussi, sauf que la finalité n'est pas d'être sur une colline de billets mais d'être portée par vos clients reconnaissants de la valeur reçue grâce à vos services.
Ces mêmes clients qui deviendront vos futurs ambassadeurs pour parler de vos services et vous recommander.

C'est pour cette raison évidente que j'offre sans la moindre

hésitation une garantie « sérénité & confiance » dans laquelle je permets au client qui a appliqué mes conseils avec constance de se voir offrir une ou deux heures de consulting afin de valider et de repartir autonome et confiant.
Si vous avez une pleine confiance dans la qualité de vos services, vous devez sécuriser et réconforter vos clients grâce à une garantie.

Je vais vous faire une confidence.
Même après notre accompagnement, je garde contact avec mes clientes. Parfois, elles me demandent des conseils sur de nouveaux projets et de nouvelles idées. Je pourrais leur dire comme beaucoup :

> « *Tu as fini ton accompagnement, donc si tu veux des conseils, tu paies des séances* ».

Mais, entre nous, quand je vois :

- Marie qui est passée de 500 euros par mois à 5 790 euros net,
- Stéphanie qui est passée de totale inconnue à interviewée dans deux journaux de sa ville,
- Sandra qui a quitté son job alimentaire pour créer des retraites spirituelles pour les femmes en changement de vie,
- Laura qui vendait des programmes pour arrêter la cigarette à 120 euros et qui aujourd'hui est à 700 euros avec l'ambition de créer son équipe de coachs et de partenaires dans plusieurs pays,

- Sylvie qui n'osait pas faire de lives et qui vient de faire sa première conférence de 200 places pour aider les femmes à oser se choisir, grâce au bénéfice qu'elle a fait avec son nouveau programme de groupe,

je suis convaincue que ça mérite de donner de sa personne! Et chaque cliente me fait la même remarque:

> « *Waouh, j'ai obtenu beaucoup plus que ce que j'imaginais en investissant, tu nous donnes toujours plus, ça na pas juste changé ma vie professionnelle, mais aussi ma vie de famille et de femme !* ».

13

Votre triangle d'or

Votre triangle d'or, c'est l'arsenal de super héroïne de votre vie. Il est fait de trois éléments : muscler votre mental, avoir une bonne connaissance de soi et entretenir votre foi.

Musclez votre mental

Votre mindset détermine 80 % de votre succès.

Quels sont les essentiels du bon état d'esprit ?
Je ne me compare pas, je ne me disperse pas, je ne m'éparpille pas, je reste focus sur ma vision et ma destination.

Pourquoi vos résultats ne sont toujours pas au rendez-vous ?
Parce que vous n'appliquez pas la formule du succès :

80 % de mindset et seulement 20 % de marketing et de stratégie.

Je vais vous dire une vérité fondamentale : vous pouvez avoir les meilleures stratégies marketing au monde, elles ne vous serviront à rien sans le bon état d'esprit et le passage à l'action.

C'est comme courir un marathon dans le désert sans boire… stupide, non ?

Il n'y a pas de mystère, on ne naît pas entrepreneur, on le devient avec le temps, les échecs et les réussites. Donc, développer un mindset d'entrepreneur, ça s'apprend et c'est accessible à tout le monde.

Il s'agit de votre carburant invisible pour booster votre mental, votre motivation, et la confiance en soi. Il est intimement lié à votre pourquoi profond, et il est votre muscle à détermination pour surpasser toute peur, tout jugement, toute croyance limitante et pulvériser les barrières invisibles. C'est avec cet état d'esprit de gagnante que nous nous focalisons sur l'objectif à accomplir.

Les personnes au mental d'acier concentrent toute leur énergie et leurs actions sur leur focus et ne gaspillent pas une seule goutte de sueur dans des actions infructueuses ou des pensées envahissantes négatives qui pourraient les retenir.

Le mindset vous pousse à poser chaque pierre sur votre édifice : l'impact que vous souhaitez avoir sur le monde.

Si votre état d'esprit n'est pas aligné à votre vision et à votre mission, et que vous faites les choses sans avoir la conviction profonde que vous allez y arriver ?

Je vous confirme que vous pourrez mettre en place toutes les stratégies que vous voulez, il ne se passera rien ou presque.

Mais une fois que vous aurez pris conscience de cela, il n'y aura plus que quelques réglages à faire pour votre business.

Sur le chemin, vous rencontrerez sûrement des problèmes, des nuages gris, du découragement et plein d'autres choses dont vous n'avez aucune idée. Mais vous devez vous dépasser et persévérer jusqu'à parvenir à la réussite.

> *Un entrepreneur qui désire réellement réussir n'a pas de limites. L'abondance n'a pas de limites. L'univers n'a pas de limites. Donc ne vous limitez pas vous-même. Sortez de votre zone de confort chaque jour et explorez de nouveaux sentiers. Soyez ambitieuse. Et surtout,* **croyez profondément en vous, c'est la base.**

Regardez Thomas Edison, l'inventeur de l'électricité ou Clément Ader, l'inventeur de l'avion, pensez-vous qu'ils ont écouté les critiques, les rires, les jugements de tous ceux qui ne croyaient pas une seule seconde en leur projet et leur réussite ?

Ils sont allés au bout de leur projet malgré les difficultés et aujourd'hui, on n'imagine pas vivre sans leurs inventions.

Souvenez-vous : la qualité de votre vie personnelle comme professionnelle dépend de la précision des questions que vous vous poserez pour atteindre votre objectif.

L'importance de bien se connaître

Enfin, comprendre et **guérir vos blessures profondes est incontournable** pour prendre soin de votre mental.

Au départ, je me suis servie du développement personnel pour me reconstruire, sachant qu'il faut une vie entière pour enlever toutes ces couches d'oignon de souffrances et de protection.

Aujourd'hui, je mets toutes ces connaissances au service de mes clientes et de mes accompagnements. Au-delà de l'évolution et de la transformation de leur business, je les aide d'un point de vue personnel, car on ne peut pas évoluer sur le plan professionnel sans reconstruire le personnel, le socle, nos fondations. Nous sommes un tout.

J'ai analysé mon fonctionnement professionnel et personnel. J'ai une énergie dingue, je suis une véritable pile électrique du lever au coucher (ce qui rend fou mon conjoint au passage !). J'ai chaque jour de nouvelles idées, de nouveaux projets et cet élan me garde dans une énergie haute grâce à mes nombreuses ambitions qui me font me sentir vivante.

Mais, un soir, j'ai réalisé que mes quatre plus gros projets du moment se terminaient, c'est-à-dire deux conférences, le lancement d'une offre et la création de ma société *Née pour impacter*. Je me suis assise et j'ai senti instantanément une immense tristesse m'envahir. Tout était calme, mes projets étaient finis, je trouvais ça d'un ennui mortel, et j'ai pensé « Je suis en train de faire une dépression ou quoi ?! ».

Je me suis baladée sur les réseaux et là, mon sauveur !
Un nouveau challenge que proposait une coach et cela correspondait parfaitement à mes valeurs. Je sentis l'excitation m'envahir comme une gamine à la découverte de ses cadeaux le matin de Noël.
Je l'ai contactée sans une seconde d'hésitation. Et j'ai décidé de me lancer sur un nouveau gros projet à réaliser en une semaine.
C'était de la folie pure, c'était quasiment irréalisable...

J'ai donc mis du temps à comprendre, mais un éclair de lucidité m'a traversé l'esprit et en une fraction de seconde, j'ai compris la source de ces quinze années de souffrance : si je n'ai pas quarante projets à gérer en même temps, je m'ennuie. Le rien, le silence, l'ennui, la solitude, c'est la mort pour moi.
C'est inimaginable pour moi d'être assise sur un canapé à ne rien faire plus de deux minutes.

Cela impactait aussi ma vie personnelle : je me brossais les dents en écoutant des conférences, je me douchais tout en suivant des formations, je mangeais en regardant des vidéos. Quand je ne travaillais pas, je consultais mille ressources pour en apprendre toujours plus sur la vie et le développement personnel. Je ne passais pas une minute de ma journée dans le silence et le calme, qui me foutaient littéralement la trouille, ajoutés au fameux « Tu peux mieux faire » de mon enfance.

Lorsqu'on commençait une phrase, j'avais tout de suite 3 000 idées qui apparaissaient et j'aimais ça.
J'aimais le trop, j'aimais avoir 1 000 envies à la seconde,

donner mon avis sur tout. J'avais besoin que mon cerveau soit sans cesse en ébullition pour me sentir comblée et heureuse.

J'ai compris que pour guérir mes blessures d'abandon répétées, mon système de défense cherchait à combler à outrance ces carences pour ne surtout pas voir le vide et le manque d'amour. Est-ce que de votre côté, vous avez réfléchi à ces questions :

– *Pourquoi ai-je besoin de toujours être occupée ?*

– *Pourquoi ai-je besoin d'en faire et d'en donner toujours plus ?*

– *Comment je me sens sans un bruit dans la pièce ?*

– *Pourquoi ai-je besoin d'être toujours en mouvement ?*

– *Quand est-ce qu'il y a du calme et du rien dans ma vie ?*

Avec le constat de ce besoin de toujours être remplie et de déborder de nourriture riche et grasse, j'ai compris à l'époque que je ne devais pas travailler sur mon alimentation à proprement parler (d'ailleurs, ça ne fonctionnait pas, je faisais le yoyo entre les phases de perte et de prise de poids à répétition), mais je devais travailler sur ma blessure d'abandon et apprendre à accepter le calme, le vide en rassurant la petite fille abandonnée au fond de moi.

Ces habitudes étaient très ancrées, ça m'a pris du temps et beaucoup d'énergie de les remplacer par des nouvelles.

Cela prend d'ailleurs toute une vie de ne pas retomber dedans. Je me suis fait accompagner par de nombreux spécialistes, j'ai lu des centaines de livres de développement personnel pour m'aider à changer et sortir de ce cercle vicieux.

Petit à petit, j'ai commencé à accueillir le vide dans ma salle de bain: à chaque fois que j'allais lancer une vidéo, hop, stop, attention Aurélie!
Je reposais immédiatement le téléphone et je me regardais en me maquillant, je me faisais des compliments sur mes dernières semaines, j'étais pleinement présente pour moi-même et m'offrir du temps de qualité.
J'ai appris petit à petit à sortir de ce brouhaha mental pour faire plus de silence mais ça a été très difficile.

Les maux du corps sont les mots de l'esprit, c'est pourquoi prendre soin de votre mental, c'est aussi être à l'écoute du corps!

Votre corps est votre boussole, votre warning émotionnel pour vous alerter d'une mauvaise décision, d'une situation inconfortable ou d'un événement que vous tentez par tous les moyens d'ignorer ou de refouler.

J'ai eu beaucoup d'offres alléchantes de plus grande visibilité, de conférences, de projets à grande échelle que j'ai décidé de refuser, car elles ne correspondaient pas à ma vision et mes valeurs.
Faites-vous confiance, écoutez-vous car votre cœur et votre corps vous envoient régulièrement des signes si vous décidez de bien les écouter.

Je suis toujours épatée par ce fabuleux outil qu'est notre corps pour nous délivrer des messages. C'est votre GPS dans vos prises de décisions et je vais vous l'illustrer.

À une époque, j'avais des douleurs récurrentes au niveau du cou. Après avoir vu des ostéopathes et des kinésithérapeutes sans obtenir de résultats, je me suis décidée à changer de stratégie et à voir un magnétiseur.

Il a commencé son soin et pendant une demi-heure, il a laissé ses mains sur mon cou et soudain, il est allé toucher mon genou gauche. Tiens, pourquoi donc ?

Au bout de quelques minutes, il est sorti du silence :
– *Vous avez une entorse du genou.*
– *Non, je le saurais.*
– *Si, si, je vous assure que vous avez une grosse entorse au genou gauche.*

La séance s'est terminée, je suis retournée à ma voiture et là, j'ai compris que mon cerveau bloquait pour ne pas ressentir la douleur et continuer à avancer dans la vie coûte que coûte. Effectivement, le genou nous permet d'avancer dans nos projets.
Dès que j'ai eu cette prise de conscience, j'ai senti petit à petit mon genou me faire mal !

▶ **Voici encore une anecdote :**

Un jour, j'étais en séance clarté avec une entrepreneure qui souhaitait que j'analyse son activité.

En pleine séance, elle m'a expliqué qu'elle était un canal et qu'elle avait un message pour moi de mon père. Je l'ai laissée faire et suis restée impassible avec mon mental bien déterminé pour ne pas flancher et ne surtout pas avoir de compassion pour lui.

En plus de mes douleurs au genou, devinez quoi ?
Le lendemain, ce fut impossible de me lever !
Je me retrouvais avec une sciatique paralysante du côté gauche.

Comme dans mes anciennes habitudes, j'ai cherché des raisons médicales, j'ai passé une IRM ainsi que des radios et personne ne trouvait. Alors, je me suis souvenue que derrière les maux du corps se cachent des mots, des non-dits.

J'ai cherché la symbolique de ma douleur en fonction de l'endroit précis où elle se trouvait. Je vous le donne en mille : il s'agissait d'une problématique du côté paternel, d'insécurité et de peur de l'abandon.
Hop, ça ne pouvait pas être plus limpide comme réponse !

Une fois que j'ai eu conscience du véritable nœud du problème, j'ai accepté que mon état physique soit lié à mon état émotionnel et j'ai décidé d'agir.
Je me suis allongée avec une musique de relaxation, j'ai pris de l'huile de massage et j'ai parlé directement à mon genou à haute voix, en m'excusant de n'avoir rien vu, en parlant de mes prises de conscience et surtout en promettant que dorénavant j'écouterais mon corps avec plus d'attention.

Deux jours plus tard, je marchais de nouveau. Certains

diront qu'il s'agit simplement d'un hasard, moi je crois qu'il s'agit de conscience.

Vous connaissez cette fameuse phrase : « La solution est en vous » ? Elle n'a jamais été aussi révélatrice que dans cet exemple.

N'attendez pas que votre corps entre en surchauffe, burn-out ou qu'il soit trop tard pour réagir. *Les maux ressentis dans votre corps ne sont que le reflet, le miroir des mots, des non-dits, de ce qui est refoulé.*

Quand vous devez prendre une décision, avant de vous ruer sur le téléphone pour demander l'avis d'une amie, prenez le temps de vous poser pour écouter dans le silence ce corps qui vous parle, vous guide et vous conseille. Faites-lui confiance, faites-vous confiance.

Ouvrir les portes de l'abondance

Voici ce qui m'a permis de passer d'un manque d'estime à un mental d'entrepreneur en béton armé :

▶ **La Formation :**

Écoutez des formations, observez des mentors et influenceurs, qui ont fait ce parcours avant vous, pour apprendre de leur expérience.

▶ **Les Challenges :**

Sortez de votre zone de confort, mettez-vous dans des situations qui vous challengent pour vous rendre compte qu'il n'y a aucune limite à vos envies, désirs et rêves.

▶ **Je prends des initiatives**

> ***Pendant que certains rêvent, d'autres restent éveillés et réalisent vraiment leurs objectifs. La différence entre ces deux catégories tient au fait de ne pas attendre les opportunités, mais de les provoquer.***

Je vous conseille de toujours dire « oui » à une opportunité et de réfléchir après.

Lorsque l'on m'a proposé ma première conférence devant plus de 200 femmes, j'ai répondu directement « OUIII » puis j'ai réfléchi au comment.

Dès que vous avez défini votre objectif principal, il est temps de lancer des initiatives personnelles.
Vous préférez vous éteindre à petit feu en n'étant pas dans votre mission plutôt que de tenter de révéler au plus grand jour votre potentiel ?

> ***Il n'y a pas de manque d'opportunités, il y a juste un manque d'audace.***

En résumé, rien n'arrive par hasard !

- **La Persévérance et la motivation :**

Gardez en mémoire chaque pas de votre parcours pour ne pas douter une seconde de vos capacités et vous recentrer régulièrement sur le pourquoi. Donnez 1 000 % de plus que les autres.

- **L'Acceptation :**

Acceptez de ne pas toujours avoir les résultats escomptés, voire d'échouer et donc d'apprendre.

- **La Discipline, la rigueur et la constance :**

L'autodiscipline, c'est quoi ?
Un boxeur s'entraîne au quotidien pour atteindre son but.
La constance est une des clés essentielles de la réussite, même s'il faut laisser une part de flexibilité et d'adaptation.

Quel est votre rituel de réussite ?
Être une accompagnante performante demande de prendre soin de soi avant de prendre soin des autres : visualisation, gratitude, méditation, boîtes de réussites et fierté, alimentation saine, sommeil réparateur, temps de plaisir personnel...

La discipline va vous aider à faire preuve de constance. Avez-vous besoin de mettre en place des habitudes ? Planifiez et automatisez tout ce qui peut vous permettre d'avoir un corps en bonne santé, une âme sereine et un esprit en paix.

▶ **L'Intuition :**

Plus vous êtes à votre écoute, plus vous êtes guidée par votre être intérieur avec force et puissance.
Je l'expérimente pendant mes rendez-vous : alors que ma cliente me parle, j'écris, je dessine et les choses me viennent directement, tout est fluide !

▶ **Un mental positif :**

Écoutez des méditations en fonction de votre besoin ou ressenti du moment. Lâchez le mental pour vous connecter à votre enfant intérieur.

Pour ma part, environ quatre fois par semaine, je pratique une visualisation créatrice de mon futur. Je regarde sur YouTube la « Méditation guidée pour créer son futur » de Jan et Olivia par exemple.
Je vois en détail tous les éléments de ma vie rêvée : ma villa, mes deux enfants (un garçon et une fille, ben oui, le choix du roi, même si en réalité, la santé prime sur le reste), j'imagine vivre confortablement avec plus de 30 000 euros par mois, voyager dans le monde entier car je suis invitée sur des plateaux télé pour transmettre mon message, et participer à des émissions de radio, des conférences, pour partager la foi du possible.
Quoi de mieux ?

▶ **Les Affirmations positives :**

Mémorisez des mantras. Personnellement, je me les répète lorsque je suis devant mon miroir en me préparant, car désormais je vis le moment présent, je ne suis plus connectée à mon téléphone, à mes formations, mais à MOI.
Je suis connectée à la nature, Dieu, l'Univers...
Je suis prête à recevoir le meilleur dans ma vie.

L'une de mes affirmations est la suivante :

> *« Je suis une excellente communicante et j'impacte positivement le monde dans la foi du possible ».*

▶ **La Gratitude :**

> ***La différence entre les personnes qui atteignent leurs rêves et les autres est le temps qu'elles ont passé à s'apitoyer sur leur sort.***

Au lieu de vous plaindre et de penser aux problèmes, commencez par remercier et avoir de la gratitude pour tout ce que vous avez de bien dans notre vie.
Les solutions vont se débloquer naturellement. Comme nous l'avons déjà vu, le pouvoir de la gratitude, c'est de vous ouvrir des portes inespérées.
Il ne s'agit pas d'un simple merci, mais d'une profonde reconnaissance qui vous traverse le cœur, le corps et la tête, sans rien attendre en retour.

Faites une liste :

- J'éprouve une immense gratitude pour...

Apprenez à savourer le parcours et les embûches, car ça fait partie de la vie, tout simplement. Je ressens de la gratitude quand je prends le temps de repenser à tout mon parcours. Bien sûr, il y a des entrepreneures et des femmes avec des vies mille fois plus épanouissantes, mille fois plus extraordinaires, mais je ne me compare pas. Au contraire : il n'y a pas de norme de bonheur ni de réussite.

Je ressens de la gratitude, car j'ai compris que chacune de mes épreuves me guide vers quelque chose de beaucoup plus beau. Je ne pense pas qu'à l'objectif final, je profite de chaque moment de la vie, de chaque rencontre qui m'a permis d'assumer ma part spirituelle, ma vulnérabilité et les nombreux cadeaux de la vie.

L'effet papillon :

Il s'agit de savoir enclencher une transformation vers la liberté.

Voici dans quel état sont mes clientes quand nous commençons l'accompagnement :

- Elles sont frustrées, car elles sentent au plus profond d'elles qu'elles pourraient accéder à un level beaucoup plus élevé si elles arrivaient à exprimer leur pleine puissance et leur unicité.

- Ce sont des battantes, elles sont déterminées et se donnent corps et âme. Elles mettent en place tout ce qu'elles entendent sur internet, mais n'arrivent pas à atteindre toute l'abondance, le succès et les clients qu'elles désirent.

- Elles manquent de structure et de clarté, car elles ont mille idées à la seconde et une soif de challenge qui les fait partir dans tous les sens.

- Elles ne savent pas comment se rendre visible pour attirer régulièrement des clients de cœur.

- Elles ont l'envie profonde d'avoir une entreprise unique qui impacte, mais elles sentent bien que quelque chose les freine dans la libération de leur plein potentiel. Elles se sentent perdues et ne savent pas par où commencer.

- Elles n'arrivent pas à transmettre le bon message, la bonne communication sur ce qu'elles offrent d'unique pour faire la différence et marquer positivement leurs futurs clients.

Mon accompagnement haute couture permet d'enclencher le bouton « transformation vers la liberté ».

En effet, à la suite de notre travail, elles sont alignées, libres et elles s'assument. Comme leur talent et leur mission de vie sont clairs, elles osent se rendre visibles et faire entendre leur message pour contribuer à changer le monde !

Je peux maintenant faire d'elles un tout autre portrait :

- Elles osent affirmer leur pleine puissance retrouvée et exprimer leur unicité et leur authenticité en toute confiance.

- Elles inspirent et impactent grâce à leur histoire de vie, leur mission.

- Elles se démarquent instantanément en magnétisant avec aisance leurs clients de cœur.

- Elles ont gagné en clarté et légèreté dans les choix à faire et les actions à mettre en place au quotidien pour atteindre la liberté.

- Finies les séances à l'heure, elles vivent confortablement grâce à leur nouvelle offre signature de transformation de haute valeur.

- Elles bénéficient de meilleurs revenus sans être des vendeuses.

Quand elles me remercient, à la fin ou dans les mois suivants, pour tout ce que notre accompagnement a changé dans leur vie sur un plan personnel ou professionnel (article dans un magazine, passage en radio, opportunité de partenariat, reconnaissance de leurs proches, plus de clarté et de liberté, augmentation des revenus...), je suis littéralement foudroyée de bonheur et un élan d'amour me prend la gorge et le cœur.

Quel magnifique EFFET PAPILLON, n'est-ce pas ?!

Une foi inébranlable

Croyez en vous et en votre potentiel avec une foi inébranlable, et rien ne vous arrêtera.

Votre foi, c'est cette partie de vous qui croit en quelque chose de beaucoup plus grand, en mode no limit, cette part invisible et inexplicable pour laquelle vous devez accepter cette idée plus grande que vous, par exemple :

- devenir une conférencière internationale ;
- créer un centre qui recueille les animaux en souffrance ;
- gagner plus de 10 000 euros par mois ;
- transmettre haut et fort ce message qui vibre dans vos tripes depuis des années.

Voilà ce qui va vous propulser vers vos rêves les plus fous.

En agissant avec la foi, vous lancez des graines d'espoir à l'Univers ! Quand vous ne doutez plus, vous attirez à vous le champ des possibles et des opportunités inimaginables.
Mais la foi, ce n'est pas vouloir tout contrôler dans le moindre détail. C'est aussi lâcher prise en faisant pleinement confiance à l'Univers, Dieu, vos anges pour vous guider.

Vous pouvez avoir la foi pour une demande comme celle-ci par exemple :

> *« Je vais obtenir une scène avec la coach X devant une salle de 500 personnes et 20 vont me contacter à la suite de cet événement pour acheter pour x euros de programmes ! »*

Oh, oh, ohhhhhhhhhh, calmez-vous rooooh, j'ai dit doucement sur le contrôle ! Laissez aussi la place à l'Univers pour choisir comment il va répondre à vos demandes.

Acceptez de plonger dans le vide :

> *« Je ne sais pas encore comment je vais le faire, mais je la désire tellement fort que je vibre cette abondance. »*

Lors d'un appel clarté, Stéphanie, qui avait connaissance de mon offre VIP m'a parlé de son désir profond de travailler avec moi :

– Je n'ai pas les finances actuellement pour cette offre haute couture, mais une chose est sûre, c'est avec toi que je veux travailler. Je suis certaine que tout le savoir que tu vas me transmettre va changer ma vie personnelle et professionnelle. Je te propose de te recontacter quand j'aurai trouvé l'argent. Peut-être en vendant des objets ou des gâteaux, je suis une bonne pâtissière. Ou en faisant un crédit. En tout cas, je te veux et je t'aurai !

Sa conviction m'a traversé le corps tellement je la sentais forte. Qu'est-ce que j'aime ça, les femmes engagées !

Trois mois plus tard, je réceptionne ce mail :

– Aurélie, comme convenu, je te fais part de mon désir de travailler avec toi. J'ai les finances depuis la semaine dernière, car ma grand-mère a décidé de léguer des biens et une somme d'argent à ses deux petits-enfants pour que nous puissions en bénéficier dès maintenant.

WHAOU !! Elle n'avait aucune idée de ce que l'Univers allait lui apporter sur un plateau lors de notre premier appel !

Continuez en dépit de l'adversité ou d'une défaite

Lorsqu'un boxeur perd un combat, est-ce qu'il abandonne ? Ne pourra-t-il plus jamais combattre ?

Bien au contraire, il y trouve 2 boosters :

1. L'envie de se dépasser et de reprendre le lead en se créant un nouvel objectif, un nouveau challenge.

2. L'apprentissage qui se trouve dans son échec : pour le rectifier et recommencer immédiatement.

La réussite est généralement proportionnelle aux défaites qu'un individu a pu connaître et maîtriser.
Beaucoup de prétendus échecs représentent en réalité une défaite temporaire qui peut s'avérer être une bénédiction pour vous améliorer.

La défaite vous oblige à faire un inventaire de vos compétences et de vos manques, voilà pourquoi vous devriez vous réjouir à chaque chute : « Yes ! Je vais pouvoir m'améliorer ! ».

▶ La foi du héros

Vous connaissez Mike Horn ?
Je ne suis pas du type fanatique de stars ou de célébrités, mais cet homme, oui je l'assume, j'ai envie de le rencontrer, de passer un moment avec lui pour me prendre une bonne bouffée de « no limit » en pleine face !

Je vous conseille de regarder ses vidéos pour comprendre la folie et la foi du bonhomme. Il a des ambitions illimitées !

Alors qu'il explorait le Pôle Nord en 2003, il a dû, à un moment, enlever ses gants pour refaire ses lacets. Or, il faisait moins 70°C ! L'un de ses gants est tombé et le temps qu'il le retrouve, recouvert de neige, ses doigts avaient gelé. Revenu dans son refuge, huit heures plus tard, il découvrait qu'il avait les doigts blancs. L'aventurier a donc utilisé une technique simple pour les décongeler :

« J'ai mis mes doigts dans une casserole d'eau chauffée à la température du corps pour les faire dégeler ».

Mais il tombait de fatigue et, pas de chance, ses doigts ont gelé à nouveau durant son sommeil. Il a dû être amputé de l'extrémité du majeur de sa main droite.

Mike Horn ose aller explorer des endroits si dangereux que personne jusqu'à présent n'a même imaginé s'y rendre.

« Ah, mais il est fou celui-là ! C'est quoi son but ?! Mourir ? ».

Non, c'est justement de défier ses limites, sortir de sa zone de confort et aller découvrir ce que personne n'a jamais vu.

Il traverse des étendues de glace sur des kilomètres alors qu'à n'importe quel moment la surface peut craquer, et il serait alors englouti dans un lac gelé.
D'ailleurs, en 2017, il devenait le premier homme à traverser le continent antarctique en solitaire.

Le célèbre aventurier fait preuve d'une ténacité et d'une foi sans faille pour faire des expériences avec un taux de survie frôlant le 1 %.

Effectivement, il y a une chose qu'on ne trouve pas chez lui : se trouver des excuses pour ne pas oser et se dire que c'est impossible.

Et nous ? Ah ben, c'est sûr qu'en restant dans notre canapé, à bouffer des chips et boire des mojitos, on ne va pas frôler le danger ! Je vous rassure, je ne vous dis pas de partir dans des extrêmes, comme Mike Horn.

Mais entre nous, qu'est-ce qu'on souhaite transmettre à nos petits-enfants ?
De quoi voulons-nous être fières à la fin de notre vie ?
Qu'aimerions-nous que l'on raconte à notre sujet ?
Osons l'aventure, la prise de risque, un peu de folie et beaucoup de foi !

► **Voici mon petit rituel pour garder foi en l'avenir :**

J'ai un livre fétiche, *The secret* de Rhonda Byrne, un best-seller que je vous recommande vivement pour comprendre la magie de l'abondance et de la loi d'attraction.
Parfois, quand je me pose une question avec l'envie de laisser l'Univers me guider, je prends ce livre, je me concentre sur ma question, je la répète trois fois, en laissant mon cœur, mon corps et mes tripes vibrer l'énergie du moment.

Puis, j'ouvre le livre au hasard et, les yeux fermés, je pose mon doigt sur une ligne.
Je suis à chaque fois émerveillée d'y trouver la réponse dont j'ai besoin qui correspond avec une telle précision.

Ils l'ont fait, nous aussi, nous pouvons !

J'ai souhaité rassembler ici quelques récits de résilience et de succès de célébrités parties de rien. Ces personnalités ont d'abord connu de grands échecs, mais vous le savez, la victoire est construite par les échecs, et non par les réussites.

▶ STEVEN SPIELBERG

Considéré comme l'un des cinéastes les plus influents de tous les temps, cette star du cinéma a été refusée à trois reprises à l'University of Southern California. Malgré tout, il n'a pas abandonné et a choisi une autre école pour effectuer son cursus universitaire. Il n'a pas eu son diplôme pour autant.
En 2002, il retourne à l'université pour obtenir son diplôme. C'est avec *Les Dents de la mer* en 1975 qu'il a connu le succès.

▶ THOMAS EDISON

Pour vous aujourd'hui, rien de plus normal que d'appuyer sur un bouton pour avoir l'électricité. Mais avant Thomas Edison, c'était inconcevable. Détenteur de plus de 1 000 brevets et inventeur officiel de l'ampoule électrique, il avait pourtant été déclaré par ses professeurs hyperactif et trop bête pour apprendre quoi que ce soit. Il fut même licencié de ses deux premiers emplois, car « pas assez productif au titre d'inventeur ».

▶ STEPHEN KING

Stephen King n'a pas toujours été l'auteur à succès que l'on connaît aujourd'hui.
Retiré de l'école en raison de divers problèmes de santé, il passait son temps à la maison à écrire des histoires. Il a eu un parcours difficile avant de rencontrer le succès.
Alors qu'il n'avait que quatre ans, l'un de ses camarades s'est fait écraser par un train sous ses yeux.
Il a écrit pour évacuer sa souffrance, seul dans sa chambre.
Ce n'est qu'à l'âge adulte qu'il proposera son premier roman à des éditeurs. Son manuscrit *Carrie* a été refusé trente fois.
Désespéré, il avait même jeté le manuscrit à la poubelle.
C'est grâce à son épouse, qui a récupéré son ouvrage et qui l'a poussé à ne pas abandonner, qu'il a proposé son manuscrit une dernière fois... et ce fut la bonne !
Derrière chaque homme de pouvoir se trouve une femme, c'est bien connu.

▶ BILL GATES

Bill Gates a abandonné ses études à Harvard, sa première entreprise a fait faillite, mais il a persisté et a réussi à bâtir son empire grâce au succès de Microsoft.
Entreprendre, c'est s'exposer à l'échec, mais si vous ne faites

pas ce que votre cœur vous demande de faire, vous n'arriverez pas à apprécier ce que la vie offre.
Ne laissez pas les aléas de la vie prendre le dessus sur vous. Même si vous échouez, réessayez, ainsi la réussite sera encore plus agréable à savourer.

▶ MICHAEL JORDAN

« J'ai raté plus de 9000 tirs dans ma carrière. J'ai perdu près de 300 matchs. 26 fois, on m'a fait confiance pour prendre le tir de la victoire et j'ai raté. J'ai échoué encore et encore et encore dans ma vie. Et c'est pourquoi je réussis. », a-t-il dit.

Ce ne sont pas forcément les personnes de votre entourage qui verront vos capacités. Certaines personnes sont des « tueurs de rêves » et si vous n'avez pas la force de croire en vous, ils auront réussi leur mission.
Michael Jordan a été exclu de son équipe de basket-ball au lycée. Déçu, il est rentré chez lui pleurer, se lamenter, mais il n'a pas abandonné. Et il est devenu ce grand joueur que l'on connaît tous.

▶ WALT DISNEY

Aujourd'hui mondialement connu dans le domaine des films d'animation et parcs à thème, Walt Disney a commencé par être renvoyé d'un poste de rédacteur sous prétexte qu'il manquait d'imagination et n'avait pas de bonnes idées. Mais le génie ne s'avoue pas vaincu et lance son entreprise qui peine d'ailleurs à démarrer.

Loin de céder à la fatalité, il se relança dans la création et façonna ce qui est aujourd'hui cet empire du divertissement de renommée internationale.

▶ OPRAH WINFREY

Oprah Winfrey, personnalité essentielle de la télévision américaine, n'a pas eu un parcours simple. Enfant, elle a été abusée sexuellement par plusieurs membres de sa famille. Elle est tombée enceinte d'un de ses agresseurs et son enfant est décédé quinze jours après la naissance. Rien ne la prédisposait à devenir une star.
Elle a été jugée « inapte à la télévision » et a été licenciée à ses débuts. Aujourd'hui, elle est l'une des femmes les plus riches de l'industrie du divertissement et est devenue millionnaire à seulement 32 ans.

▶ J.K. ROWLING

Après un mariage éphémère, elle se retrouve mère célibataire sans emploi, isolée et pauvre, ne subsistant que grâce à ses allocations. Pendant sept ans, elle se plonge corps et âme dans l'écriture. Une fois les romans terminés, l'auteure, sortant peu à peu de sa dépression, se voit confrontée aux refus des éditeurs.
Elle a persévéré et est devenue cette célèbre auteure de best-sellers, la saga *Harry Potter*. Aujourd'hui, elle est milliardaire et a d'ailleurs été le « premier écrivain milliardaire en dollars en 2004 ». Une belle leçon de résilience !

▶ STEVE JOBS

« *Je ne l'ai pas compris alors, mais il s'est avéré que le fait d'avoir été viré d'Apple était la meilleure chose qui me soit jamais arrivée. Le poids de la réussite a été remplacé par la légèreté d'être à nouveau un débutant sans certitudes. Cela m'a libéré pour entrer dans une des périodes les plus créatives de ma vie.* » a-t-il dit.

Le visionnaire fondateur de la société Apple a commencé avec l'aide de deux autres personnes dans un garage.
Des années plus tard, le voilà connu pour son entreprise de 2 milliards de dollars avec plus de 4 000 employés.
Pourtant, Steve Jobs a été licencié de la société qu'il a créée…
Ce licenciement lui a fait comprendre que sa passion pour son travail dépassait la déception d'un échec.
D'autres entreprises telles que NeXT et Pixar ont finalement permis à Jobs de se retrouver PDG chez Apple.

▶ MARILYN MONROE

Sa mère n'ayant pas pu s'occuper d'elle pendant une très longue période à cause de problèmes psychologiques et de santé, Marilyn Monroe est confiée à des familles d'accueil. Elle a d'ailleurs longtemps préféré prétendre que sa mère était morte plutôt que d'avouer qu'elle vivait dans un institut spécialisé.

En 1935, Marilyn s'est fait violer à l'âge de 9 ans par le locataire de sa mère. Elle en gardera une blessure toute sa vie.

Professionnellement, elle a subi des critiques négatives d'agents. Beaucoup lui ont conseillé de devenir secrétaire plutôt que de s'engager dans une carrière dans le cinéma. Un conseil qu'elle a rapidement mis à la poubelle et elle est aujourd'hui une icône incontestable !

► ALBERT EINSTEIN

Pour nous tous, Albert Einstein est un génie et pourtant, on le soupçonnait de déficience mentale, il n'a réussi à parler couramment qu'à l'âge de neuf ans. Sa nature rebelle l'a conduit à être exclu de l'école et il n'a pas été admis à l'école polytechnique de Zurich. Mais il a persisté et est devenu l'homme qui a changé la physique et qui a gagné un prix Nobel pour ses recherches.

> ***N'abandonnez jamais, peu importe les jugements que l'on vous porte. Restez confiante, car un jour ou l'autre votre talent s'exprimera.***

Conclusion

J'avais envie d'écrire ce livre depuis des années.
J'ai fini par poser concrètement les dates dans mon agenda pour m'engager mais quand est arrivé le temps de l'écriture, je me suis sentie dépassée.
Je me suis d'abord limitée avec des pensées comme:
« Je ne sais pas écrire, mieux vaut laisser tomber ou que quelqu'un d'autre le fasse pour moi ».

Finalement, je me suis mise à écrire mon histoire, mes idées, mes exercices, mes pépites, et tout ce que je souhaitais transmettre. Je n'en revenais pas, mes doigts ne s'arrêtaient plus sur le clavier, je m'en étonne encore moi-même !

Si vous ne deviez retenir qu'une seule chose de mon livre, c'est de ***ne pas vous limiter pour agir dans la foi du possible.***

Qui a décidé qu'il fallait attendre que toutes les conditions soient réunies pour tenter quelque chose ?

Qui a décidé qu'il fallait travailler la semaine et pas le week-end ? Moi je travaille parfois le dimanche et seulement deux jours dans la semaine.

Qui a décrété qu'on devait déjeuner à midi et non à 16h ?

Qui a décidé qu'il fallait uniquement montrer sa réussite et pas l'envers du décor ?

En réalité, la seule chose qu'il FAUT, c'est de *se faire assez confiance pour se foutre royalement la paix et mettre du fun dans sa vie !*

La morale de l'histoire ?

> ***Faites tout ce qui vous tente, puis vous verrez bien où ça vous mène, car vous n'êtes pas condamnée à souffrir ou a rester dans l'ombre est surtout n'oubliez jamais que rien n'est impossible à celui qui croit et qui se donne les moyens.***

Pour conclure, l'heure du choix est arrivée...

▶ **En effet, désormais deux options s'offrent à vous.**

Je vous l'ai montré dans mon histoire de vie quand j'allais aux Restos du cœur : nous avons toujours le choix.

- **Option 1 : prendre la responsabilité que rien ne change.**

Lors d'une conférence à Paris, une invitée disait :

> *« Moi, je veux être entrepreneure mais uniquement si je peux avoir le chômage. Et je veux finir à 17h, ne pas travailler les week-ends pour profiter de ma famille et surtout, je veux avoir la garantie d'obtenir des résultats dès le troisième mois, sinon c'est pas la peine. »*

Ben effectivement, si d'emblée vous voulez le beurre et l'argent du beurre et le... c'est pas la peine!

Entreprendre, c'est comme vouloir jouer au casino avec l'intention de gagner le double voire le triple de la mise.

Mais certains veulent jouer sans investir... Vous voyez le problème?

Ensuite, ce sont ces mêmes personnes qui pestent de ne rien gagner.
Ben, c'est l'jeu ma pauvre Lucette!

La réussite tient à une chose essentielle: prendre la responsabilité de ses décisions et assumer les conséquences, peu importe que ces dernières soient agréables ou désagréables, tout en sachant que le contrôle absolu est impossible.

Agir uniquement en calculant tous les risques est une forme de «perfectionnite aiguë», saupoudrée de procrastination qui vous permet, inconsciemment, de rester dans votre zone de confort. À partir de là, vous vous limitez, car le moment parfait n'arrive jamais!

Pour celles qui sont mamans: avant d'avoir votre premier enfant, étiez-vous certaine d'être prête?
D'être une excellente mère?
De retrouver la ligne après l'accouchement?
De ne pas avoir de vergetures grâce à votre super crème magique?

Non.

Entreprendre, c'est accepter de prendre des risques.

Pourtant, je vois chaque jour des entrepreneures qui ont le désir profond d'aider, mais qui ont peur de se rendre visibles.

Je vais vous rassurer tout de suite sur ce point : personne ne vous demande d'être « Martine à la plage » ou « Martine à la gay-pride », vous êtes libre de montrer ce que voulez de vous et de votre vie, sans devenir une « Martine ».

Tout est juste, tant que ça correspond à votre personnalité et à votre vision des choses.

Mais pourquoi se rendre visible est-il si important ?
Parce que le client achète votre personne avant d'acheter vos services.

Préférez-vous vous faire accompagner par une thérapeute que vous voyez en vidéo, live, dont vous entendez la voix et sentez l'énergie et dont les valeurs vous parlent ;
ou par une personne dont vous avez uniquement des publications texte, sans photo, sans histoire, sans vidéo, et sur qui vous ignorez presque tout ?

Dans cette option 1, vous prenez donc la responsabilité que rien ne change si vous n'osez pas dépasser vos limites, investir, prendre des risques et vous rendre visible.

- **Option 2 : prendre votre place.**

Qu'est-ce que cela signifie concrètement « prendre votre place » ? Il s'agit de :

- Vous positionner comme la capitaine de votre entreprise en prenant **des décisions en accord avec vos valeurs** et en assumer la pleine responsabilité,

- **Accepter de réussir, mais aussi d'échouer** pour en tirer des leçons et recommencer,

- **Exprimer votre vision, votre vérité,** votre message, avec courage et honneur,

- **Vous autoriser à dire « non »** à une cliente qui ne vous correspond pas, sans culpabiliser, mais en vous félicitant de vous respecter avant tout,

- Assumer **de prendre plusieurs fois par mois du temps** pour votre plaisir personnel, pour vous ressourcer et revenir plus forte,

- **Investir sur vous pour évoluer,** car vous avez la pleine confiance dans vos capacités,

- Vous autoriser à être autant aimée que détestée, « **accepter de ne pas être parfaite,** mais être vous-même en toute authenticité, un peu plus chaque jour, »

- Comprendre que **le seul échec est de ne pas essayer,** de ne pas avoir confiance en votre intuition,

- **Faire péter vos croyances** pour dépasser toutes les excuses qui vous empêchent de faire jaillir votre plein potentiel,

- Avoir le courage et la persévérance de **ne jamais abandonner vos rêves** les plus chers et surtout les plus fous.

Si j'ai un dernier conseil, c'est de vous encourager à revenir à cette liste régulièrement. Et quand vous devez prendre une décision importante, demandez-vous :

Suis-je en accord avec ma décision sur les trois niveaux du cœur, de la tête, et de mes tripes ?

Alors que décidez-vous là maintenant ?

- Rester dans les mêmes routines, les mêmes schémas, mais en prenant la responsabilité que rien ne change (et là, c'est OK) ?
- Ou bien miser sur vous, quand bien même personne ne le ferait, et investir en osant prendre votre place de femme d'impact ?

Souvenez-vous : **tout est possible si vous croyez en vous.** Vous êtes la seule à pouvoir prouver que vous en êtes capable et **votre propre réalisation est le plus beau cadeau que vous pouvez offrir au monde.**

> ***Oui, six portes vont se fermer, et oui ça va faire mal. Votre ego va en prendre un coup, mais sachez que la septième sera la bonne. Là, réside la différence entre ceux qui persistent et ceux qui abandonnent.***

Pensez à retourner à la source, ce « pourquoi » qui vous a conduit à être la femme que vous êtes aujourd'hui.

Les gens qui ouvrent les derniers chapitres de leur vie regrettent rarement ce qu'ils ont fait, mais ils regrettent ce qu'ils n'ont PAS fait et ont toujours voulu faire.

En tous cas, BRAVO : vous êtes arrivée à la fin de ce livre !
Pour ma part, je ne suis peut-être pas la plus belle plume, mais une chose est sûre, j'y ai mis tout mon cœur J'ai osé faire ce pas de me livrer en toute intimité, pour que **plus jamais vous ne doutiez de vous et de la femme magnifique que vous êtes.**

Ne privez pas le monde de votre rayonnement.

Je sais que je vous ai offert une nouvelle vision, je vous transmets maintenant le flambeau : à vous d'écrire votre propre histoire.

Quelle est l'empreinte que vous voulez laisser dans ce monde ?

Je ne prône pas le « tout est facile » mais le « tout est POSSIBLE ».

Pour éviter que toute l'énergie positive de ce livre ne retombe comme un flan, nous allons continuer un bout de chemin ensemble. Si vous vous sentez prête à recevoir de nouvelles doses de cash, des piqûres de rappel et des pépites pour propulser votre business,

je vous propose de ***rejoindre notre communauté de femmes d'impact sur ma page Facebook Aurelie Gauthey.***

Remerciements

Mes remerciements vont…

À vous, Chère lectrice, qui m'avez fait confiance pour lire cette autobiographie.

À ma maman et à tous ces hommes et ces femmes courageuses qui ont su prendre leur vie en main et se reconstruire.

À mon conjoint et mes ami(e)s, qui me suivent dans mes folies, mes excès et mes ambitions aussi folles les unes que les autres.

Au studio star création et à Myriam pour la réalisation de la couverture.

À mes clientes de cœur à qui j'ai transmis mon savoir, mais qui m'ont aussi permis d'avancer avec toute leur richesse de cœur et d'âme.

À toutes les personnes qui ont fait partie de ma vie, que ce soit pour une heure, pour cinq ans ou plus et grâce à qui je suis devenue la femme que j'incarne aujourd'hui.

À Cindy Ghys, pour avoir structuré mon livre et travaillé à sa réécriture sans trahir ma personnalité et mon goût pour le style direct. Merci aussi à son équipe de relectrices-correctrices, Clémentine et Ségolène.

À Julie pour son expertise et sa réactivité qui a su mettre en valeur mon message grâce à la mise en page du livre.

À mes premières lectrices, Laura Evrard, Chantal Labonne, Muriel, Alexandra et Mai-Lan Ripoche pour leur confiance et leur temps.

Et pour finir, à ma petite fille intérieure, mon guide que je n'ai pas toujours su protéger mais qui ne m'a jamais abandonnée !

Contact

Retrouvez-moi sur mes réseaux :

Facebook : neepourimpacter

Instagram : nee.pour.impacter

Youtube : Aurelie Gauthey

Site web : neepourimpacter.com

Manifestons ensemble une vie d'abondance !

Découvre des exercices concrets, des tests, des coachings,
avec des actions à mettre en place dès maintenant
pour manifester l'abondance & activer ta puissance
d'impact dans le monde

Née pour impacter
3, rue des maçons
94310 Orly

ISBN : 978-2-9570900-1-3
EAN : 9782957090013

Dépôt légal : mars 2020
Auto-édition

Aide à l'écriture et correction : équipe de Cindy Ghys
www.ecrire-et-vendre-mon-livre.com

Photographies : studio star creation

Réalisation de la couverture : Myriam EL Jerari

Réalisation de la mise en page : Julie Colin

Née pour impacter
3, rue des maçons
94310 Orly

ISBN : 978-2-9570900-1-3
EAN : 9782957090013

Dépôt légal : mars 2020
Auto-édition

Aide à l'écriture et correction : équipe de Cindy Ghys
www.ecrire-et-vendre-mon-livre.com

Photographies : studio star creation

Réalisation de la couverture : Myriam EL Jerari

Réalisation de la mise en page : Julie Colin

Manifestons ensemble une vie d'abondance !

Découvre des exercices concrets, des tests, des coachings, avec des actions à mettre en place dès maintenant pour manifester l'abondance & activer ta puissance d'impact dans le monde

Printed in France by Amazon
Brétigny-sur-Orge, FR

27825437R00219